JN233933

板倉聖宣

教育評価論

私の評価論
仮説実験授業のなかでの評価

評価と学習意欲をめぐって
競争原理・同一教材・絶対評価

テスト・通知票・指導要録・内申書
成績記録の歴史と問題点

入学試験、今と昔

大正期の三無主義教育
無試験・無採点・無賞罰

高等学校を考えなおす
二種類の多様化と序列化

教科書のあるべき姿をさぐる

幼児の学習意欲をのばすために
家庭教育と学校教育のあいだ

創造性の源はなにか
結局は〈家庭教育〉の問題

いちばん大切なことは評価してはならない

仮説社

はしがき

この本は、一九八九年二月に国土社から『私の評価論』と題して出版された本のうち、直接には〈評価〉に関係しない部分を削除して、全面的に編成変えして『教育評価論』と改題した上、「ガウス分布と成績分布」の項と、最後に「いちばん大切なことは評価してはならない――あとがきにかえて」という文章を追加したものです。

旧版の『私の評価論』は、本書の最後に収録してある「初版はしがき」にその成り立ちがくわしく記してありますが、もともと私が教育雑誌『ひと』に書いた教育論関係の文章を全部まとめたものでした。そこで、そこには〈必ずしも「評価論」とは言えない文章〉も少し含まれていました。そのためもあって、旧版は、気軽に手にとっていただくには、少し分厚すぎました。そこで今回、仮説社から新版を出していただくにあたって、直接「評価」に関係した文章だけを残して、本をスリムにすることにしたのです。本書には収録しなかった文章にも、捨てがたいものがあるので、それらの文章は別の文集にまとめることも考えています。ご了解のほどお願いいします。

旧版の『私の評価論』を知っている方々のために、本書と旧版との関係をくどくど書きましたが、もちろん旧版を知らずにこの新版を手にとって下さる方々もたくさんおられることでしょう。そういう人びとの中には、本書の一番最初の「私の評価論」という文章の副題が「仮説実験授業のなかでの評価」となっていて、いきなり〈仮説実験授業〉という言葉が出てくることに戸惑われる人もあることと思います。しかし、「その文章は〈仮説実験授業〉について知らなければ読んでも理解できない」というものではありません。そこで、「あらかじめ〈仮説実験授業〉について知らない」ということを気にせずに読みすすんでいただけると思います。そうしていただければ、読み進んでいくにつれて、「仮説実験授業というのはどういう授業か」ということが多少とも理解していただけることと思います。

じつは、ここに〈仮説実験授業〉が出てくるのは、私自身がその〈仮説実験授業〉の提唱者であるからでもあります。しかし、それ以上に、「仮説実験授業ほど評価を中心に組み立てられている授業理論はほかにはない」という考えにもよるのです。そのことは、その文章を読んでいただければ、きっと了解していただけることと思います。そういえば、「仮説実験授業そのものを理解するのにもっとも簡便な本」と言えるものに、私の書いた『仮説実験授業のABC――楽しい授業への招待』（仮説社）という本があるのですが、そこにも、「第3話　評価論――なぜ、何を教育するかの原理論」という講演記録が収録されています。仮説実験授業では、評価の問題がとても重視されているのです。そこで、仮説実験授業の提唱者である私が『私の評価論』とか『教育評価論』といった本を書くようになったのです。

さて、ふつう「評価論」というと、「授業の中での評価」ではなくて、「授業の外（?）での評価」が中心になっています。しかし、その「評価」は、教師にとっての関心事である以上に、世の子どもたちや親たちの切実な関心事になっています。子どもたちが教師から渡される〈通知票〉、その背後にある〈指導要録〉の記載事項、在学校から入学希望校に通知される〈内申書〉、そして〈入学試験〉などの各種の評価があるからです。そこで、それらの問題は、まず「評価と学習意欲をめぐって――競争原理・同一教材・絶対評価」で取り上げます。そしてその後、「テスト・通知票・指導要録・内申書――先生のつける四種類の成績記録の歴史と問題点」という話題にひき継ぎ、さらに「入学試験、今と昔」という話題に発展させていきます。世の人びとは、現実の問題をほとんど固定的に非歴史的に見るので、少し考えただけで、お先真っ暗になることが多いのです。しかし、このように問題点を歴史的に明らかにする手法を採用すれば、未来が明るく見えてくると思うのですが、どうでしょうか。

私はもともと〈科学史の研究者〉でもあるので、問題点を歴史的に探ることを得意としているのですが、〈子どもたちの成長の歴史〉という視点も大切だと思います。テストというと、子どもも教師も親たちも、みんな〈大嫌い〉と思ったりしていますが、小学校入学前後の子どもたちは、たいてい〈テストが大好き〉であることも見落としてはなりません。じつは、本書の大きな特色の一つは、「〈みんなの嫌いな評価〉をどうすればいいか」ではなくて、「〈もともとみんなの好きな評価〉をどうすればいいか」という問題意識から出発していることにあるのです。

本書の中には、ときとして、〈とても非常識〉と思えることが出てくると思います。私はなにも奇を好んで論じているのではなく、本気でそう考えているのです。「そんな馬鹿な」と思える部分があっても、少しは寛大な気持ちをもって冷静に検討して下さるよう、とくにお願いします。

板倉聖宣

（二〇〇三年七月一日）

目次

私の評価論

仮説実験授業のなかでの評価

初出一九七四年

最近は、評価というと、とかく毛ぎらいされる傾向があります。「通信簿なんかほんとうはないほうがいいんだ」「人間が人間を評価して、レッテルをはるなどということは、おそろしいことだ」などといった議論がいろいろなところで聞かれるようになりました。ほんとうに、評価などというものはあるべきものではないのでしょうか。このへんで、人間にとって評価というもののもつ意義にまでたちかえって、考えなおしてみる必要があるのではないでしょうか。

1　評価と人間

人間は評価する動物？

じつは、私たち人間は、たえず自分を評価し、他人を評価しながら生きているといってよいのではないでしょうか。私たちが、自分や他人の失敗を失敗としてみとめ、それを自分の教訓とすることができるのも、評価しているからです。私たちが進歩することができるのは、私たちがいつも自分や他人の行動を評価して、その教訓を学びとっているから、といえるでしょう。

人間は目的意識的に行動をおこす動物です。目的があるからこそ、そこに評価がうまれるのです。たとえば、何かの知識・考え方を身につけたいと思って雑誌を読んでみる。そして、「この雑誌、思ったよりおもしろい」とか「つまらない」などと評価を下します。それで、来月号も買って読むかどうかの態度をきめるのです。「人間は評価する動物だ」と人間を定義づけることもできるのではないでしょうか。

人間がひとりひとり個性をもっているということも、この評価と結びつけて理解することができます。ある人が「おもしろくない」という記事を、ほかの人は「とてもおもしろい、すばらしい」と思ったりすることもあります。目的がちがい、生き方もちがうと、おのずと評価もちがってくるわけです。

おなじことでも、人により評価がちがってくる、これはあたりまえなことです。しかしまた、「いくら人はちがってもおなじ人間である以上、その評価のしかたはそうはちがわない」ということも少なくありません。たとえば、音楽や絵の世界などのように、人の好みが多様な世界でも、評価はおのずと一定してきます。〈多くの人がおいしいといってたべるものはだいたい一致している〉といったようなものです。そこで、多くの人びとによろこんでもらえるような、文化や商品を生産するという社会的な活動が可能になってきます。

社会的な評価活動と学校での評価

私たちが雑誌『ひと』*を編集することができるのも、同じような事情によっています。人によってどんな原稿をよいとするか、かなりのちがいはあるにしても、この雑誌の読者のあいだにはおのずと似た傾向があります。私たちは、そういう読者の評価の基準をふまえながら、寄せられた原稿を一つ一つ評価しているのです。しかし、私たち編集委員は全知全能ではありません。貴重な内容をもった原稿のよさを見すごして、のせないでしまうおそれもたぶんにあります。一人の読者として「これはおもしろくない」と思っただけのときとちがって、編集者としてそれを雑誌にのせないことにすれば、読者のかたがたがそれを読む機会を失ってしまいます。そのことを考えると、編集委員の仕事はまったく罪深い仕事だといわなければなりません。

（＊『ひと』は一九七三年一月創刊の月刊誌（太郎次郎社）。刊行発起人は遠山啓（編集代表）、石

田宇三郎、板倉聖宣、遠藤豊吉、白井春男の各氏。一九九八年三月号（三〇二号）をもって休刊）

しかし、だからといって、私たちは、自分たちの評価が完璧でないという理由によって、原稿に対するいっさいの評価をやめてしまうわけにはいきません。どんな原稿でもそのまま全部のせるということにしたら、読者にとっては「よくわからない」「おもしろくない」記事がふえることにもなるでしょう。そして、多くの読者はこの雑誌そのものを信用しなくなってしまうでしょう。多くの読者は、経済的にも時間的にも、たくさんの雑誌の記事のなかからおもしろくて役立ちそうなものを自分でえらびだす余裕がないからこそ、雑誌の編集者の評価・判断を信頼して、その雑誌のページをめくるのです。私たちは、そういう読者の信頼と期待にこたえるためにも、積極的に評価していく社会的責任をもっているのです。

この場合、私たちの評価基準が多数の人びとのそれとくいちがうことはやむをえないことです。いや、むしろ、私たちの評価基準はこれまでの一般の評価基準と根本的にもくいちがうところが少なくないからこそ、わざわざこんな雑誌をだすことになったのです。私たちはいまのところ少数派です。その評価基準を私たちといちじるしく異にする人は、何もこの雑誌の読者とならなくてもよいともいえるのです。そのことが私たち編集委員にとって大きな救いとなっています。私たちは、この雑誌の原稿を取捨選択するという一つの社会的な権限をもっているとはいっても、自分の判断を強引におしつける絶対的な権力者の立場にはいないからです。

かなり私的な話に立ち入ってしまったようです。じつは、私は、こうした私たちの社会的に責任ある評価活動を、学校教育における評価活動と対比しようとして話題にしたのです。

いまの日本の学校教育は、私たちの雑誌のような場合とちがって、「このクラス・学校がいやならほかのクラス・学校へ行けばいいではないか」とか、「学校がいやなら学校へ行かなければいいではないか」などとはいえないような状況にあります。先生の評価と子どもや親の評価とが大きくくいちがっても、おいそれとはやめられない。そのことが学校教育における評価の問題をいっそう重大な問題にしていることに注意しなければならないでしょう。いまの学校では、教師の評価が絶対的な権力者の評価と同じような大きな力をもっていて、そのことが今日の教育における評価を考えるときの根本問題になっているのです。

授業のなかでの評価

さて、学校での評価というと、すぐに「通知票」とか、「指導要録」「内申書」とかいったものが頭に浮かびます。しかし、それは学校で行なわれている日常的な評価活動の氷山の一角にしかすぎません。子どもの成長をもっとも大きく左右しているのは「通知票」ではなくて、子どもに毎日接している教師の評価活動だ、ということはとくに注意する必要があるでしょう。

教師は、意識的・無意識的にたえず子どもたちを評価しています。「はい、よくできました」「だれそれさん、とてもよく考えたね」といって評価をそのまま口にしたり、「そうですね、それでいいですね」と子どもに相づちを求めたり、「いまの答、いいですか」ときいて「いいデース!」とか「ちがいマース!」とかいう大声での評価を子どもたちからひきだしたり、いろいろです。教師のそぶりだけで、教師がどんな答を要求し、評価するかをすぐに感じとってしまう子どもたちも少なくありません。

子どもたちは、そういう教師の評価をたえず意識しつつ、さらに、クラスのほかの子どもたちの評価をも気にしながら、授業中に「はい、はい」と手をあげたり、よそ見をしたり、ふざけあったりしています。子どもたちにとっては、教師にどう評価されるかということよりも、クラスの友だちにどう評価されるかということのほうがずっとたいせつなのかもしれません。教師は、そのことも半ば意識しつつ、みんなのまえで、ある子どもをほめて元気づけたり、恥をかかせてこらしめたりしながら授業をすすめているのです。

子どもを評価することは親にもできますし、また、やっています。しかし、ふつうの親には、ほかの子どものまえで特定の子をほめたり、恥をかかせて、はげましたり、こらしめたりすることができません。だから、教師はふつうの親たちよりもずっと子どもを支配したり、影響をおよぼしたりしやすい地位にいるということもできるのです。教師の評価は、その教師個人のもちまえの感化力をはるかにこえた影響力を子どもに対してもっているといえるのです。

これは、ときと場合によっては、とてもおそろしい結果をもたらします。いや、教師の価値観がゆがんでいるために、それが子どもにあたえる悪影響については、たえずそこらじゅうの学校で問題にされているといっていいかもしれません。けれども、これまで教師の授業中における評価が問題にされてきたのは、とくに極端な場合だけにかぎられていたといってもよいでしょう。

それでは、ふつうの授業でのふつうの教師の日常的な評価活動には、とりたてて問題にすることはないのでしょうか。私は、そこにも大きな問題があると思うのです。もっともすぐれた教師がよほど用心深く評価するにしても、そこにはたえずおとし穴があるということに注意しなければならないと思うのです。そのことは、私たちが仮説実験授業という、内容・方法ともに新しい授業をはじめるようになってから、じつにはっきりと浮かびあがってきたと私は思うのです。そこで、つぎに、少しくわしく仮説実験授業のなかでの評価のあり方について紹介し、日常の授業のなかでの評価活動が子どもたちにとってどんなに重大なものになっているか、私の考えを述べてみたいと思います。

2　仮説実験授業のなかでの子どもたちの評価活動

仮説実験授業では、教師が子どもたちの一つ一つの発言を評価することはできるだけしないようにしています。評価は子どもたち自身がそれぞれ自分の考えで行ない、その評価をたがいにぶっつけあうことのなかで授業がすすむようになっているのです。そして、最後には、教師でも子どもでもない客観的な実験結果そのものが評価してくれるしくみになっています。

予想の〈当たりはずれ〉からの脱出

仮説実験授業では、はじめに問題をだします。そして、その問題どおりの実験（あるいは調査）をしたら、その結果はどうなるか、各自の予想を授業書のなかに書きこませるのです。もちろん、「自分の予想が当たっていたほうがよい」にちがいありません。自分の予想が当たれば、それだけ満足感が生じます。予想が当たったほうが自分の評価は高いのです。

ところで、とくにこの授業をはじめたばかりの子どもたちは、「自分の予想がどれだけ当たったか」ということに強く執着する傾向がみられます。しかし、それは、かならずしも自分の評価・満足感ばかりを気にしてのことではないようです。多くの子どもたちは、他人の目、他人の評価を気にして、「ぼくは7勝3敗だ」などといっていばったり、残念がったりするのです。

しかし、そういう子どもたちでも、すぐに〈予想の当たりはずれ〉以外のことに大きな関心をもつようになります。予想がいくらたくさん当たっても、先生がとくにほめてくれるわけでもないことがわかるし、そのうえに、この授業を少し経験すると、ほかにもっとたいせつな評価の基準があることに目をつぶるわけにはいかなくなるからです。たとえば、おなじ予想が当たるのでも、はじめから百パーセント自信があって当たる場合と、まったく自信がなくてまぐれのようにして当たる場合と、それから、自分とおなじ予想のものが少なくて、かなり自信を失いかけたが、予想を変えずに当たった場合とでは、おなじ「一問正答」でも、そのうれしさはうんとちがいます。そんなことはだれに教わらなくたって、だれだって感ずることです。そこで、各問題の予想の質を無視して、外見的に「7勝3敗」などということがばからしくなってくるのです。

仮説実験授業の問題は、「予想をまったくでたらめに選ぶよりしかたがない」というものはほとんどありませんが、「十分はっきりした根拠なしに選ぶよりしかたがない」ということも少なくありません。そんなとき、授業中に、大声で「これははずれてもいいや」と口にする子どももいます。ひとりごとというよりも、「単純ではない自分の評価法をほかの人たちにもわかってほしい」という気持ちから、そういうのでしょう。もっとも、実験まえには「はずれてもいいや」と思っていた問題が、実験後になって「あれ！　これはできてよかったはずだ」と思い知らされるということもまれではありません。「問題にはいろいろあるから、それに応じて評価をしなければならない」ということはたいていの子どもがすぐにわかってしまいます。

多数派と少数派

仮説実験授業では、各自の予想を自分の胸のなかにこっそりしまっておくのではなしに、クラス全員の予想を公開しあって授業をすすめます。じつは、私たちがこの予想分布の調査をしたのは、もともとは「授業の記録をのこすため」にしかすぎなかったのです。ところが、子どもたちがその予想分布の表に大きな関心をよせることがわかったので、これをつねに大きく黒板に書いておくことにしたのです。子どもたちはこの予想分布表をみて、自分がクラスのなかで少数派の予想に属するか、それとも多数派になっているか、クラス内における自分の位置をはっきりと知ることに関心をもつのです。子どもたちもおとなとおなじように、いつも他人の目を意識しているのです。

もちろん少数派なら心細くなります。多数派ならなんとなく安心できることもあります。しかし、仮説実験授業では、「実験の結果、少数派のほうが正しいことがわかる」という例もけっして少なくありません。それに、少しこの授業を経験すれば、すぐに「多数派の一人として勝つときよりも少数派の一人として勝つときのほうがずっと誇らしい」ということがわかってきます。ですから、はじめからよほど自信がなかったときはともかく、いくらかでも自信があるときは、少数派であることをあまり心細く思わなくなります。なかには「少数派になると、よろこぶ子ども」さえあるのです。こういう点でも、ふつうの授業での評価のしかたとはかなりちがう評価法が子どもたち自身のなかに生まれることがわかるのです。

仮説実験授業では、いちど選んだ予想でも、その後の討論を聞いて変更してもよいことになっています。ところが、はじめのうちは、たいていの子どもは自分の予想をがんこに変えようとしない傾向をみせます。「途中で予想を変えるのはずるい」といった、自分（あるいは自分たち）の評価法にしばられているのです。

ところが、少したつと、すぐに「自分の予想を変えるのは、ずるいことでもなんでもない」ということがわかってきます。クラスのだれか一人が予想を変えると、〈友だちがかならずしも「予想を変えるのはずるい」と思っているわけではない〉ということがわかって、安心して変えるようにもなるのです。

しかし、はじめのうちは、かならずしも「討論の内容を十分に消化して」というよりも、予想の多いほうに、なんとなく議論の優勢なほうに予想を変えるような傾向がみられます。自分の考えよりも大勢に順応したほうが「予想が当たるだろう」という気持ちが強いのです。しかし、「そういう浮わついた気持ちも、とくにたしなめる必要はない」と私は考えています。「はじめは少数派で正しい予想を選んでいたのに、予想変更したためにかえってまちがえた」というような経験をいちどでもすると、そのみじめさが忘れられなくなるからです。さいわいなことに、仮説実験授業では安易に予想をかえると、そういうみじめな思いをすることも少なくないのです。

こうして、子どもたちは「予想が一つでも余計に当たるよりも、自分自身で考えて当たることのほうがはるかにうれしい」ということを発見し、自分や友だちの評価のしかたを変えるようになるわけです。多くの子どもたちがこのような評価法によって自分の行動を大なり小なり律するようになるためには、仮説実験授業をはじめてから、ふつう十数時間あれば十分です。ことばで教えたのではずいぶん複雑でむずかしいようにも思える評価法が、すぐに身につくようになることは一つのおどろきともいえるでしょう。小さな子どもは健全なのです。

3　討論のなかでの子どもたちの評価

仮説実験授業では、毎時間、問題ごとに予想をたてて実験をするので、毎時間、なんらかの形で自分自身を評価することになるわけですが、じつは、子どもたちの評価活動がいちばんはっきりあらわれるのは、予想や実験の段階ではなく、討論の段階です。

予想よりも討論

この授業が軌道にのっているクラスにいくと、〈とくに自信あり気な子どもたち〉が「きょうは三人は説得するんだ」などといって教室にはいっていく姿を見かけることがあります。

そういう子どもたちにとっては、もう「予想が当たるかどうか」などはたいした問題ではなく、「自分のたてた予想の論理の正当性をいかにして説得的に立証してみせるか」ということが問題になっているのです。

もちろん、そういう子どもたちだって、いつも正しい予想をたてるわけではありません。「自分はもう正しい答を知っていて、予想が当たるにきまっているから、討論に情熱をもやす」というわけではないのです。第一、それらの子どもがはじめから正答を知っていたら、討論にもそれほどの積極性を示すことができないでしょう。「まだ実験して確かめたわけではないから、自分の予想がほんとうにあっているかどうか、それはわからない。しかし、自分はこれこれの根拠で、これが正しいにちがいないと思うのだが、反対の考えが気になってしかたがない」――そう思うからこそ、討論に情熱をもやせるのです。

仮説実験授業でとりあげている問題の多くは、科学上のもっとも基本的な概念や原理的な法則に関するものなので、科学史上、多くの科学者たちでさえまちがって考えていたことがらをあつかっています。だから、〈一つの予想には理屈がつけられるが、ほかの予想には理屈がつけられない〉などということはほとんどありません。多くの場合、どの予想にもそれぞれもっともらしい理屈がつくのです。

だから、だれかがまことしやかな論理を展開しても、ほかの予想を選んだ子どもがそれにすぐに圧倒されることはありません。そこで、彼らは彼らなりに理屈を立ててはげしい討論をするのです。

浮力の問題の例

具体的な例をあげましょう。たとえば、私たちの《浮力と密度》という授業書には、こんな問題（下の図）がありました。じつは、先日、私はこの問題を『ひと』の読者を中心としたお母さんと先生がたの集まりでも出題してみたのです

〔問題〕
図のように，いれものに水をいれて，その重さをはかったら，ちょうど 1000 g ありました。
この水のなかに，(図のように)重さ 100 g の石を糸でつりさげて入れたら，上のばねばかりは 60 g のめもりをさしました。このとき，下の台ばかりの目もりは何 g のところをさすでしょう。
予想
ア　1000 g で変わらない。
イ　1100 g になる。
ウ　1060 g になる。
エ　1040 g になる。
オ　そのほか。

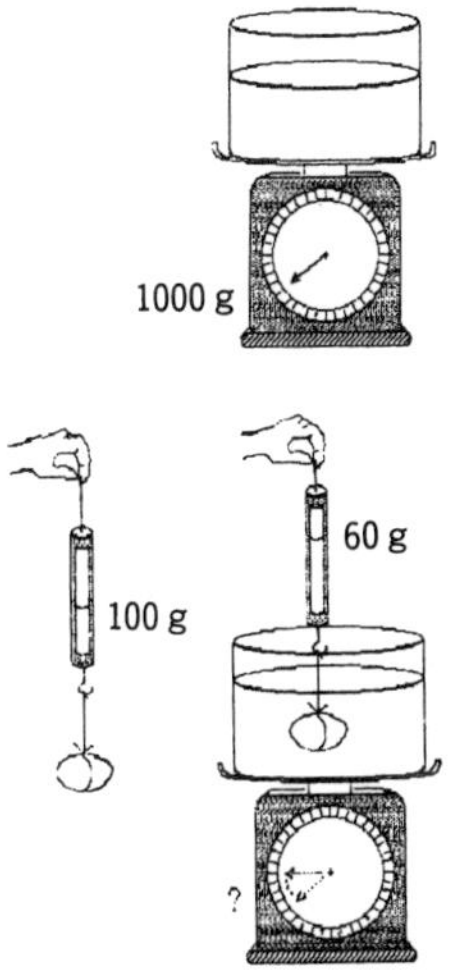

が、そこでもいろいろな考えがでました。

そこのお母さんがたは「前に重さの学習をした」とかで、アの予想はありませんでしたが、イ、ウ、エの予想がそろいました。ウがいちばん多く、エがいちばん少ないという予想分布でしたが、そのどの予想にもちゃんとした根拠がでてきました。まず、「イ・一一〇グラムになる」という人は、「石の重さは一〇〇グラムなんだから、水のなかに入れると、下のはかりにその一〇〇グラムがかかる」といいます。

すると、「ウ・一〇六〇グラムになる」という人はこういいました。

「だって、その石を水のなかに入れたら、軽くなって六〇グラムになるというのでしょ。とすれば、下のはかりにはその六〇グラムだけがかかるのじゃありませんか」

というのです。これに対して「エ・一〇四〇グラムになる」という人はこういいました。

「石の重さは一〇〇グラムあるのでしょ。そのうち六〇グラムだけ上のはかりで支えているのだから、下のはかりにはのこりの四〇グラムだけかかるのじゃありませんか」

というのです。

友だちの意見をきいて評価して……

子どもたちの討論でも、おなじような理由がでてきます。子どもたちは、このような討論・話し合いが大好きです。仮説実験授業では、発言を求めない子どもに指名して、無理に発言させることはありません。そこで、自分の考えに自信のない子どもも「いつ指名されるか」とびくびくすることもなく、安心して友だちの発言を聞いていられるのです。

ところが、友だちの発言を聞いていると、自分一人で考えたのとあまりかわらないようなことをいう子どもが少なくないのです。「ほかの子だっておなじように考えているんだ」と思うと、みんなほっとします。他人の発言を聞いて、「自分の考えもまんざらではなかった」などと評価しているのです。自分では克服ずみと思っているまちがった考えをだす子どもがいたりすると、自信を回復して発言したくなります。

もちろん、自分では考えてもみなかったことをいう友だちがいて、はっとさせられることもあります。しかし、そういう考えだって、いわれてみれば、たいていは自分にもすぐわかるので、「そうか、ああいうことを考えればよいのか」と納得ができるのです。子どもたちは友だちの討論の内容を一つ一つ評価して、「自分だって、けっしてそういうことを考えられないわけではない」という自信をつけていくのです。とくに、「だれかが自分の考えとおなじことをしゃべってみんなを感心させた」などということを何回か見たりすると、「わたしだって」という気になってくるのはとうぜんのことです。そこで、はじめは自分の考えを発表するのがおそろしかった子どもたちも、だんだんと発言できるようになるのです。

討論がはげしくなると、わずか数人のあいだで意見のやりとりが行なわれるようにもなります。そんなとき、ほかの子どもたちはだまってそれを聞いています、議論をしている子どもたちはもちろんのこと、それをだまって聞いている子どもたちも、一つ一つの発言を評価し、自分の頭のなかで反駁《はんばく》したり、つけ加えたりしているのです。

こんなとき、授業時間のつごうなど外部的な事情で教師が強引に討論を中断させようなどとすると、それまで発言していた子どもはもちろん、だまっていた子どもからもいっせいに抗議の声があがります。そして、「休み時間やつぎの時間にくいこんでも討論をつづけさせてほしい」という要望がでてきます。そんなはげしい討論の行なわれたあとで、子どもたちにその一時間だけの授業の感想文を書かせると、発言しなかった子どもたちが、そのあいだ、何を考えていたかがよくわかります。

仮説実験授業を実施している教師の多くは、子どもたちが少しぐらい私語をしたり、そっぽを向いたり、手あそびをしていたりしても叱りません。そこで、なれない人からは「発言していない子どもは授業にのっていないのではないか」などと思われたりしますが、たいていの場合、そんな心配は無用です。子どもたちは、「だれそれがこんなことをいったが、それはいい考えだ」とか、「だれそれは私の考えを動揺させ自信をなくさせた」などと、討論中のめぼしい発言を一つ一つ評価し、自分の頭のなかに位置づけているのです。

他人の考えを評価し、それをとり入れる主体性

それなら、そういう討論のすえ、子どもたちはその予想をどのように変更するでしょうか。ある子どもたちが、「イ→ウと変わる」といいだしたかと思うと、その正反対に「ウ→イに変わる」といいだす子どもがでることもめずらしいことではありません。もちろん、「イ→エ」「エ→ウ」など、いろいろの予想変更がおこります。子どもたちはそれ以前にもっていた知識や考え方もちがうので、おなじ討論を聞いても、主としてそのなかのどのような考えをとり入れるかがちがってくるのです。

この予想変更の多様性は、私自身が仮説実験授業をはじめた当初の考えをはるかにうわまわるものでした。私も、はじめは、「討論のなかでふつうの教科書に書かれているような〈ちゃんとした説明〉をするものがでてきたら、子どもたちの大部分はその考えをとり入れて予想変更するだろう」などと考えていたのですが、そういうことはむしろあまりおこらないのです。子どもたちが我《が》をはっていないときでもそうなのです。もちろん、みんなのちょっとした考えちがいが明らかにされたときなどは、子どもたちの予想が大きく一方的に動くことはあります。けれども、ふつうは予想変更の方向がバラバラになるのです。そのバラバラな予想変更の主流の方向だけをみても、私のはじめの予想と大きくくいちがうことがめずらしくありませんでした。

このことから、私は大きな教訓をうることができました。「ふつうの教科書にでている説明は、はじめから〈正しく〉考えていた子どもにとってはわかりやすい〈ちゃんとした説明〉であっても、そのほかのものにとってはいっこうに〈納得できない説明〉であることが少なくない」のです。私は、子どもたちが授業のなかで、ふつうの教師や教科書よりもはるかに説得的な議論を展開するのをみて、おどろいたことが少なからずありました。しかし、そんな場合でも、子どもたちはなかなかその考えをうけ入れないのです。私はそんなとき、いつも、教師がおなじように説得的な話をしてやったときのことを思いえがきます。おなじことばでも、教師がいえば多くの子どもたちは「わかった」というでしょう。しかし、「それは教師という権威のまえに自分の我《が》をすてることによってわかった（わからせられてしまった）のにほかならなかったのではないか」と反省するのです。

おしつけと反対意見の尊重

子どもたちが、「このうえなく理路整然とした正しい考え」さえもなかなかうけ入れないのはどうしてでしょうか。それは子どもたちの頭がよくないせいでしょうか。いや、ちがいます。科学の歴史上でも、そういう事件はたえずあるのです。自分自身の考え、自分の評価基準をもった子どもは、そう容易にほかの考えを全面的にとり入れることはできないのです。しかし、そういう子どもたちも、討論のあと、実験をすれば、自分の考えのまちがいをすぐにみとめ、正しい予想を選んだ子どもたちの考えをすぐにうけ入れるようになります。その証拠に、その考えを利用するつぎの問題では、大部分の子どもがすぐに正しい予想を選ぶようになるのです。

こういうと、「それなら早く実験をして、どの予想が正しいか知らせるようにすればいいではないか」という人がでてくるかもしれません。しかし、そういう考えには、多くの子どもたち自身がすぐに、はっきりと反論を加えます。

「ちゃんと討論をしないと、実験をやって（どの予想が正しかったかわかって）も、どうしてそうなるのか（どのような考えが正しかったのか）わからない」というのです。そして、「実験のあとで説明されても納得ができない」というのです。

そうはっきり指摘する子どもは一人や二人ではなく、それこそたくさんいるのには、じつは私もまったくびっくりさせられました。

子どもたちは、討論のとき、自分とはちがう予想を選んだ友だちのいう理屈も十分よく聞いていて、「もしかすると、それが正しいのかもしれない」と思いながら実験をみているのです。だから、実験の結果、「自分の予想は正しくなかった」ということがわかると、すぐにその反対派の考えをとり入れることができるようになるのです。

つまり、子どもたちは、「自分の予想・考えをそう容易には変えない」といっても、それと同時に、「ほかの予想・考えが正しいかもしれない」とも考えていて、その考えからも多くのことを学ぼうとしているのです。これは、「反対意見や少数意見を尊重しなければいけない」という評価基準が子どものなかに確立していることを示しているといえるでしょう。

4　子どもの評価をたすける教師の仕事

仮説実験授業をやると、なぜ子どもたちはこのような評価活動をやるようになるのでしょうか。それは、きっとこの授業では、「教師が子どもに評価を押しつけない」からだろうと、私は思っています。

教師のする評価と子どものする評価

この授業での子どもたちの評価の基準、それは実験の結果と、友だちの考えと、自分とにしかありません。自分の予想やその底にある考えがあっているかどうかは、実験の結果が教えてくれます。それが自分にとって満足すべきものであったかどうかは、自分自身の気持ちが教えてくれます。自分のだした考えがどれほど説得的であったかということは、友だちが判断してくれます。なにも教師が口だしする必要はないし、口だししないからこそ、子どもは各自かってに評価活動をするのです。

それは、もともと人間が〈評価する動物〉だからでしょう。教師が一つの評価をきめてくれれば、何も自分で評価する必要はなくなります。自分でも評価して、それが先生の評価とくいちがったりすると、いきおい先生に反発したりして、思わしいことにならないのです。そこで、先生が評価をおしつけてくるときには、あまり自分で自分の評価などしないほうがよいのです。しかし、先生が評価をしてくれないとなったら、自分で評価しないわけにはいきません。自分のやりたいことをやるのだったら、自分自身でも評価できますし、評価したくもなります。そこで、仮説実験授業では、自分で評価するようになるのだと思うのです。

自分で評価することのよいところは、自分自身で納得のいくような評価基準をたてられることです。「この問題はできなくてもいいや」と思ったときと、「この問題はぜったいあってみせる」と思ったときとでは、それぞれ評価を変えてもいいのです。「一人一人が自分自身の活動を自分自身の尺度ではかって、自分の成長を確認しながら、着実に進歩する」――これはすばらしいことではないでしょうか。

しかし私は、仮説実験授業をやるときでも、ときには教師が積極的に子どもたちの評価活動をたすけるような働きかけをしてやったほうがよいと思っています。その一つはテストです。そして、もう一つは子どもたちの評価活動を交流させることです。

テストというもののたのしさ

小さい子どもはたいていテストが大好きです。ところが、学校にはいって間もなくすると、大部分の子どもはテストぎらいになります。それはなぜでしょうか。小さい子どもが「テストをしてくれ」「問題をだしてくれ」とせがんだりすると、マユをひそめる人がいます。「いまのゆがんだ学校教育の悪い影響」だと思うからです。しかし、そういう子どもたちは、なにも「早くからテストなれをしておきたい」というので、そんなことをいうのではないでしょう。テストをすると、それで自分をためして、自分の能力や進歩が確かめられるからたのしいのです。

ところが、学校にはいると、自分のペースでテストの成果をたのしめなくなります。「みんなより成績が悪い」とか「いい」とか、いつも比較されて、尻をたたかれるようになるからです。そこで、いつも圧倒的な優越感をいだけるような少数の者以外は、みんなテストをおそれるようになるのでしょう。もしも、そういう過度の競争をしいられるのでなければ、学校の子どもたちにとってもテストはたのしいものになりうると思うのですが、どうでしょうか。

私が「たまにはテストをやるといい」というのは、そういうテストを念頭においているのです。仮説実験授業は、毎時間問題をだされて予想をたてているのですから、いつもテストしているようなものです。しかし、その問題はいままで教わったことのないようなことに関して予想をたてるのですから、できなくたってあたりまえといえます。そこで、そういう一連の問題を学んできた子どもたちに、「〈どのような問題を、どのくらい正しく答えられるようになったか〉ということを確認するための問題をだしてやる」といいというのです。

私たちは、このため、二つの方法をとっています。ひととおりのことを教えたら、「自分で問題を作って、その答を予想しなさい」という問題をだしてやってみるのが一つ。もう一つがふつうのテストです。ただし、このテストでも、「こんな問題ならどのくらいできればよいのか」ということについては、各自に評価基準を立てさせればよいので、ほかの子どもたちと比較することは無用です。

教師がその結果を評価するときでも、「百点は九〇点よりいい」などという考えはとるべきではない、と私は思っています。十中一つぐらいのケアレス・ミスはごく自然なもので、九〇点を百点にしようという努力は、非人間的なばかげた努力に通ずることが多いと思うからです。

子どもたちどうしの評価の交流をはかること

さて、テストのほかに、もう一つ教師が積極的に介入したらよい評価活動に「子どもたちの評価活動の交流をはかること」があります。それは、たとえば、一時間の授業、あるいは数時間の授業に関する感想文をかかせることによって実現できます。

あるとき、私はこんな授業を見たことがありました。「容器ごとで二〇〇グラムの水のなかに一〇グラムの砂糖をとかしたら、その重さはどれほどになるか」という授業のときでした。それよりまえに、子どもたちは食塩の場合についての授業をすませていたので、はじめからほとんどが二一〇グラムと答えましたが、数人の子どもだけ二〇〇グラムと答えました。

　討論がはじまると、二〇〇グラム派は二一〇グラム派のはげしい批判をあび、数人の子どものうち、一人をのぞく全員が「考えちがいをしていた」といって、予想を変えました。残ったのはただ一人の男子だけでしたが、彼はなんだかんだといっては予想を変えません。そこで、クラスの子どもたちもその強情さにはあきれたといわんばかりに、はげしい攻撃をしました。元気のいい女子が「砂糖を水にとかしたって、一〇グラムのものは一〇グラムでしょ。あなたはその砂糖がなくなるというの!?」などとせめたてると、彼はポツンと「砂糖は甘さになったから、重さはなくなる」と答えるというぐあいで、彼はなんとか最後までがんばりとおしたのです。

　それで、いよいよ実験です。その結果は二一〇グラムとなりました。彼はただ一人最後までがんばって、それで、敗北したのです。こんなかっこうの悪いことはあまりありません。彼は泣きだしそうな表情で、それをぐっとがまんしていました。

　こんなとき、クラスの子どもたちはどう感じているのでしょう。じつは、大部分の子どもたちはその子のことに感心しきっているのです。口では「どうしてこんなことがわからないの！」といってせめている子どもも含めて、みんな感激しているのです。「ただ一人になってもわからないことはわからないといい、自分の考えを守ること」、そういうことは「自分にはできそうもないが、○○君はみごとにやった」といって、感激しているのです。そういうことは、その一時間についての感想文を書かせると、じつにはっきりします。みんな同じように、その子のガンコさをけなすのでなく、その子の心の強さをほめるのです。しかも、たいていの子どもは、「その子をほめるのは私だけかもしれないが」と意識しながらほめるのです。

ですから、こんなとき、子どもたちに感想文をかかせ、それを公開すると、みんな安心するようになります。「人間的な、デリケートな心をもっているのは自分だけではない。みんな同じなんだ」ということを確認すること、それはどんなに人びとを元気づけることでしょうか。友だちも自分と同じようにデリケートな感じ方をし、画一的でない評価基準をもっているということを知れば、自分の思ったことをいったりやったりすることに、どれほど抵抗が少なくなることでしょう。

他人の評価の影におびえないように

おとなの場合もおなじことです。多くの人びとは「世間の評判」「世間の目」「他人の評価」というものをいつも気にして、なかなか思ったこともいえず、思ったこともやれないでいます。しかし、そういうときでも、じっさいには「他人の評価」におびえているのではなく、自分でかってにつくりあげた「他人の評価の影」におびえていることが少なくないといえるのではないでしょうか。自分自身の人間性のデリケートさとおなじようなデリケートさをほかの人びとももっていること、つまり、ほかの人たちの人間性を認識することによって、はじめて自分の人間性ものばせるようになるということが少なくないのではないかと、私は思うのです。

学校教育をはじめとする公的な社会の評価のしかたはいつも画一的なものでありがちです。ですから、人びとがそのような画一的な評価におびえるということは一理あるといえるでしょう。しかし、そのなかで生きている人間は、もっとデリケートな、もっと多面的な評価の尺度をもっていることも忘れてはならないと思うのです。人びとが公的な、画一的な評価尺度をのりこえて、人間的な連帯性をもつようになったら、権力者の民衆支配の根底がくずれ、この世の中は、もっともっと自由で、創造にみちたものになると私は思うのです。

話を授業のなかでの評価にもどしましょう。子どもたちに仮説実験授業の一時間の感想文を書いてもらうと、このほか、じつに多様な評価のしかたをしていることにおどろかされます。たとえば、私の書いた『未来の科学教育』（国土社）という本の最後には、成城学園の庄司和晃さんの実施した二時間つづきの授業の記録と、その授業の感想文が紹介してありますが、そのなかでの子どもの心の動き方は、私の想像をはるかにこえるものでした。

その授業では、はじめの予想分布が二〇対一八で伯仲《はくちゅう》していました。その後、はげしい討論が行なわれ、私の見方では、正答の一八人派のほうがはるかに優勢であるように思えたのですが、予想変更の結果は逆で、一八人派の六人が予想を変え、二六対一二となりました。そして、実験後、少数派の一二人のほうが勝利しました。一二人の子どもたちがどんなによろこんだか、想像することもできます。

ところが、授業後の感想文をみると、予想の当たった一二人も、実験まえには、まったく自分の予想に自信を失っていることがわかりました。そして、ある子どもは「理科は合っていても、えらくないと思う。最後まで意見を変えないで、やりとおす力のほうがよっぽどえらいと思う」などと書いて、誤答派のだしたりっぱな考えに感心しているのです。こういう多面的な子どもたちの評価のしかたを交流させて、子どもたちの成長をうながすこと、これも教師のたいせつな役割だと思うのです。

5　教師は子どもをどう評価したらよいか

さて、このように授業のなかで多面的な子どもたちの評価活動をのばすことに成功したら、私たち教師はそれをどのように評価したらよいのでしょうか。そして、それを学期末につける通知票などにどのように反映したらよいのでしょうか。とうぜんのこととして、私たちは当惑してしまいます。評価をたいせつにすればするほど、一面的な評価はつけられなくなるからです。

テストの成績を優・良・可で評価するとしたら

たとえば、テストを例にとりましょう。仮説実験授業では、終末テストのクラス平均点が八五～九五点ほどになることを目標としています。じっさい、そういう目標はかなり実現されているのです。そうなると、クラスの過半数の成績が九〇点以上ということになります。

私は、これらの子どもを評価わけしたくないのです。九〇点の子どもを一〇〇点になるようにがんばらせたくないのです。しかし、残りの八〇点か七〇点ぐらいの子どもについては、私は「九〇点ぐらいにできるようになったらなあ」などと思ったりもします。しかし、この子どもたちはほかの教科の成績がもっと悪いことが多いので、これで悪い成績だとは思っていないのがふつうです。この子どもたちにとっては、これで十分よいのです。

そこで、もし私がテストの結果だけで成績をつけるとしたら、この子どもたちには、「そこまでしか教えられなかった」が「これでも十分だ」という気持ちをこめて「良」とつけるでしょう。九〇点以上の子どもは区別なく「優」です。五〇～六〇点以下の子どもには「可」とでもつけて、私たち教師陣のいたらなさを反省するよりほかはないかもしれません。問題が不適切でなかったとしたら、そういう子どもはケアレス・ミス以上に、教えられた内容を十分消化しえなかったともいえると思うからです。

私は、いまの五段階評価法のことばを用いずに、わざわざ古い評価のことばを用いました。私の考えでは相対評価は意味がないし、優も良も可もそれぞれみな「よい」ということばであるのが気にいっているからです。「不可」をつけられるものがあるとすれば、それは教師や教育研究者以外にないでしょう。

もしも「不可」の子どもたちがいるとしたら、とくにすすんだ子どもたちにもういちど教えさせたり、教師自身が要点を教えなおしたりして、なんとか「不可」でない段階にまで引きあげるよりほかはありません。しかし、私はそれらの子どもたちがふだんの仮説実験授業にたのしく参加しているのなら、しいて終末テストができるようにならなくてもいいようにも思います。科学の知識がたりなくても、それで、人間失格ということにはならないし、しいて科学を教えることが、逆にその子どもの人間性を破壊することだってありうると思うからです。

これは終末テストにあらわれた成績、つまり、知識についての評価に関するものです。しかし、仮説実験授業はもっともっと多面的な能力を育てています。とくに、「他人にわかりやすく説明して説得する能力（習慣）」や、「とっぴな考えをだして人びとの視野を広げる能力（習慣）」を奨励するということも重んじるべきかもしれません。そのほか、ひとさまざまなすぐれた能力を評価したほうがよいのかもしれません。

しかし、そういう能力をいちいち数えたてて教師が評価することには私は反対です。だいいち、そんな能力は網羅《もうら》できませんし、気づくことも困難です。そして、教師が気づいた能力だけを評価するなどというのは、評価の画一化をもたらすおそれがあります。そこで、私の考えでは、ただテストができるだけでなく、とくに、〈他人にわかりやすく説明する能力〉だけをとくべつに教師の評価の対象としてはげましたいと思うのです。世の中には「沈黙は金」ということわざもありますが、やはり、科学の生命は、「正しい予想」と「わかりやすい説明の論理」だと思うからです。そういう能力がきわだってすぐれていて、ほかの子どもたちにも大いに役立っているならば、それはとりたてて評価するに値すると思うのです。そういう子どもには「秀」の評点を与えてもいいかもしれません。

評価はやはり自己評価が原則

しかし、こういう教師の評価は、やはり、〈つねに固定化して、ナンセンスになる傾向〉があります。評価というのは、やはり自分自身でやるのがほんとうなのです。結局のところ、私がここにあげたのは、子どもたちの自己評価活動をたすけるための教師の評価の基準にしかすぎないといわなければなりません。それは、また、教師がどれほど子どもたちを教えることができたか、ということを判断する材料にもなるわけです。子どもたちや親たちに渡す通知票にそれをどのように書きあらわしたらよいか、ということは別問題だともいえるでしょう。

「通知票の成績をどのようにつけたらよいか」ということを考えるには、「なぜ通知票に成績をつけるのか」ということを明らかにしなければなりません。親にむかって、あなたのお子さんの成績は可だとか、良だとか通知しても、親はどうしようもありません。子どもの成績が悪いということを知っても、親は子どもの尻をたたいて勉強させるぐらいのことしかできません。

だとすれば、くわしい成績は当の教師だけが知っていて、個別指導の材料にすればいいということになってしまいます。親に対しては、とくべつな事情のないかぎり、「あなたのお子さんは私が責任をもってちゃんと教えていますから、安心してください。あなたのお子さんはもう重さの問題がこんなにもできるようになりましたよ」といった通知だけで十分だと思うのです。そう考えると、通知票を一学期一回親に渡すよりも、子どもたちの成長・進歩の姿を機会あるごとに親に知らせる学級通信をだすほうが、はるかにたいせつだ、ということになるでしょう。しいて一学期一回の通知票を出すのなら、子どもたちに自己評価をさせて、それを記録すれば、それで十分ではないでしょうか。

6　自分らしく生きるための評価

これまで書いてきたことは、私自身が長いあいだ、実験的に研究してきた仮説実験授業のなかからひきだしてきた、評価についての考えです。この仮説実験授業という授業は、ふつうの授業とはいちじるしく変わっています。だからこそ、私は、この授業の経験のなかから、ふつうの授業をしていただけでは気のつかないような、評価についてのいくつかの貴重な経験をひきだすことができたと考えて、一つの問題提起をしてみたのです。

私が評価について仮説実験授業のなかで発見したこと、それはつぎのようにまとめられるかもしれません。

ひとはたえず自分や他人の考えや行動を評価して生きているのです。自分だけの評価のしかたのなかに、人びとは「自分らしさ」という個性を見い出しているといってもよいかもしれません。私たちは〈借りものでない、ほんとうの自分自身の評価基準〉にしたがって生きているとき、はじめて「自分らしく充実して生きている」という実感をもてるのではないかとも私は思うのです。しかし、そういう個性ゆたかな人だって、ほかの人びととはまったく無関係に、孤立して生きているのではありません。

おそらく私たち人間は、「他人の目、他人の評価とはまったく独立に生きていくことはできないようにできている」にちがいありません。どんな人でも、他人の目、他人の評価を気にしながら生きているのがほんとうだと思うのです。自分の評価のしかたがほかの人たちとちがえばちがうほど、その人たちはほかの人からの孤立をおそれているといってよいでしょう。だからこそ、そういう「ほかの人たちにも、自分の考え、評価のしかたをなんとかして理解してもらおう」という努力をはじめたりするのです。それが話し合いとなり、科学や芸術の創造を生みだすのだと思います。

評価というものは、それほど私たちの生き方にとってたいせつなものなのです。人は、よく「他人がどのように評価しようとも」などといったりします。しかし、そういう孤立したがんばりはなかなかつづかないのです。だから、科学にせよ、芸術にせよ、「個人が生みだす」というより、社会が生みだすという面が強くなるのでしょう。評価のしかたによって、人間は自信をもったり、自信をなくしたりするのです。社会や教育が人びとの生き方にまで干渉できるのは、評価の画一化によってであるといえるでしょう。だから、私は、学校での評価を、毎日の授業のなかでの評価を問題にしなければならない、と思うのです。

評価と学習意欲をめぐって

競争原理・同一教材・絶対評価

初出一九七六年

不十分な「評価」の論議

今日行なわれている学校教育に関する議論のなかで、もっとも注目を集めているのは評価に関するものであると思われます。入学試験・偏差値・内申書・通知表・絶対評価・相対評価・五段階評価・オール3・市販テスト・学力テスト・〈おちこぼれ〉か〈おちこぼし〉か、などなど、いずれも評価に関するものです。本誌『ひと』の特集記事のなかでも、読者の関心をもっともひいているのは評価に関するものであるようです。

しかし、評価の問題はこうしてたえず議論されているにもかかわらず、その問題点が、十分、整理されているとはいえません。そして、たいていの論議は議論だおれになり、解決の方向さえつかぬままに「不満・苦情・悩みの出し合い」に終始しています。だれかが理想主義的な考え方をだしても、それを実現するめどさえつかず、それ自体にも多くの矛盾がはらまれていることが少なくないように思われます。

たとえば、「内申書の成績を重視した高校入学者の選抜方法」は、もともとある人びとによって、「過熱した入学試験勉強の競争を緩和する一つの理想案」と思われていたものでした。しかし、これが、「中学生たちのあいだの入試競争をさらに日常化させ、中学校における教師の生徒管理のいやらしい方便となって、かえって悪い結果を生みだしている」ということは多くの人びとの指摘するところとなっています。評価の問題は思いつき的に改善しようとすると、かえって多くの矛盾・困難をひきおこすのがふつうなのです。

評価のしかたは学習意欲のあり方と不可分に結びついています。ですから、評価のしかたによって学習意欲が高まったり、あるいはまったくだめにされたりすることがあります。とくに最近は、評価が学習意欲を阻害するばかりでなく差別にもつながることが問題になって、「評価などすべきでない」「評価などできっこない」というような極端な議論さえ行なわれるようになっています。

しかし、これから論ずるように、評価にはもともと悪い側面だけがあるわけではありません。これまでの大部分の議論は、どうも、その立場・立場にたって問題の一側面だけしかみていないものが多いように思われてなりません。そこで、とくに評価と学習意欲、さらには学習内容との関連を中心にして今日の学校教育の問題を全体的に考えなおしてみることにしました。

評価は目的に対応する

私たち人間は、人間として生きるかぎり、たえず評価活動をしているといってもよいでしょう。私たち人間は目的意識的にものをつくったり、そのほかの行動をおこします。目的があって何かをやれば、「その行為の結果が期待どおりうまくいったかどうか」がとうぜん問題になります。教育もまた目的意識的な活動の一つですから、「その教育活動の結果がはじめの期待どおりうまくいったかどうか」が問題になります。教師は、「自分の教えようとしたことが生徒たちにちゃんとうけいれられたかどうか」問題にせずにはいられませんし、生徒は生徒で、「自分が学ぼうとしたことがちゃんと学べたかどうか」が問題になります。親は親で、「自分の子どもたちが自分たちの期待どおりにちゃんと学んでいるかどうか」チェックしたくもなります。

評価は目的に対応して行なわれるものですから、目的がちがえば、また評価のしかたもちがってくるのがとうぜんです。むかしの人の伝記には、よく「百姓の子どもがそんな学問をしてなにになる!」とか、「武士の子どもがそんな職人まがいの作業をしてなにになる!」などと叱られる場面がでてきます。それは「教育や学習というものの評価もまた目的に応じてなされるものだ」ということをよく示しています。

同じことを学習するのでも、人によって目的がちがうので、評価のしかたもかわってきます。ですから、「評価は自分自身の目標にあわせて自分でする「自己評価」がもっとも根源的なものだ」ということができます。

しかし、ふつう学校教育で問題になる評価は、他人、とくに〈先生のつける評価・評点〉です。評価というのは、本来、自己評価であるべきなのに、学校ではなぜ先生が評価したりするのでしょうか。それにはいろいろな理由があげられるでしょう。

「自分はいま何ができて、何ができないか」「さまざまなことがらについてどんな考えをもっているか」といったことは、ふだんなにげなくすごしているときには気づきにくいことです。私たちのやっている仮説実験授業では、まだ教えもしないいろいろなことがらについて、子どもたちに予想をたてさせますが、子どもたちはその予想について、「予想をたてると、自分の考えがわかってよい」といいます。自分の考えだって、それを活用し客観化してみてはじめて自覚されるのです。

これと同じように、一連の適切な問題でテストしてもらうと、自分の能力なり知識なりを客観化して自覚することができるようになります。つまり、教師は「テスト問題を与えることによって子どもの自己評価を助けることができる」というわけです。

評価はたのしい

私たち人間は「だれでも進歩することに大きなよろこびを感じるもの」であるようです。しかし、自分がじっさいに進歩しているかどうかは、ときどき自分の姿を客観化してみないとよくわかりません。そこで、自分の進歩している姿を知るとたのしくなり、さらに進歩したくもなります。

小さい子どもたちの進歩・成長はとてもはやいので、小さい子どもはいつも自分の進歩の姿をみることができます。ときどき身長をはかってみて、どれだけのびたかをみるのもたのしみです。そういう子どもたちはテストも大すきです。テストをやると、自分の進歩しているようすがわかることが少なくないからです。きのうより今日、一週間まえよりいま、一月まえより今日と、大きくなり、知識を身につけ、能力が豊かになるのを知るのはたのしいことです。

ところが、そういう子どもたちも、学校へはいってしばらくすると、テストがきらいになります。それまで書けなかった漢字が三つでも五つでも書けるようになったというようなことはやはりたのしいはずなのですが、「一〇題中、五題しかできないではないか」とか、「ほかの人たちよりできない」とかいった叱責をきかされるようになるためです。

つまり、学校へ行くと、「自分の知識・能力が以前よりどれだけのびたか」という「個人内での進歩の評価」よりも、「ほかから与えられた基準や他人との比較の上での評価」が重視されるようになるのです。そこで、テストが重荷になってくるのです。自分自身の知識・能力はたしかにのびていても、テストされると、「基準に達していない」とか、「四〇人中、三一番だ」などと悪い評価をくだされたら、いやな気持ちになるのはとうぜんだといえるでしょう。

もっとも、学校でのテストはそういう「ほかとの比較が問題になるからたのしい」といって、かえってはりきる子どももいることはいます。ただし、それは、テストをすれば、いつもみんなよりできることが証明される子どもや、そのたびに席次のあがるたのしみのある子どもたちだけの場合の話です。

相対評価と絶対評価

「ほかの人たちとくらべてどのくらいできるか」という評価のしかたを「相対評価」法といいます。他人との相対的な位置を問題にする評価だからです。五段階評価で「上から、5は七パーセント、4は二四パーセント、3は三八パーセント、2は二四パーセント、1は七パーセント」などと成績の比率をきめて評価するのは、この相対評価の一つの例です。

相対評価では、同じ知識・能力をもった子どもでも、どんな子どもたちとくらべられるかによって、その評価が大きくくずれてくることがあります。あるクラスでは「抜群にできる」と評価されても、ほかのクラスに行けば、「ふつう」や「劣る」であったりすることもあるわけです。

これに対して、ある評価基準を設けて、その基準とくらべて評価する方法を「絶対評価」法といいます。たとえば、「一～四年生で教えることになっている漢字のうち、何パーセント書けるか」ということをテストして、「A君は八〇パーセントほど書ける」などと評価する方法です。これを五段階の評点にして、八五パーセント以上できるものを5、七〇パーセント以上を4、五〇パーセント以上を3……などとすることもあります。この場合、A君の評価は4となります。

　ところが、これが相対評価だと、A君のクラスの子どもたちがみな八〇パーセントも書けなければ、A君のそのクラスでの相対評価は「抜群」となり、五段階評価の5になることもあります。また、A君がほかのクラスに移ったとき、そのクラスの大部分の子どもが九〇パーセント以上も書ければ、A君のそのクラスでの相対評価は「劣っている」ということになり、五段階評価で2とか1とかいった評点をつけられるでしょう。A君の漢字を書きとる能力そのものはまったく同じでも、相対評価法ではその能力がちがうように評価されるのがふつうなのです。

　そこで、どこへ行っても変わらないはずの「A君の漢字を書きとる能力そのもの」を評価するために、相対評価とはちがった絶対評価というものが意味をもってくるわけです。

　日本の小・中学校の通知表は、現在の6・3・3・4制が発足するまではほとんど例外なく絶対評価法でつけられていました。そのころの小学校の通知表は「甲《こう》乙《おつ》丙《へい》」や「優良可」という評語で評価されるのがふつうでしたが、甲や優は「クラス中の何パーセントぐらい」などとはきめられていなかったのです。先生が「このクラスの子どもはみんな算術がよくできるから、全員、甲にしよう」と考えて成績をつけても問題にならなかったのです。

いや、太平洋戦争に突入直前の文部省は、「教師の指導よろしきをえれば、本来すべての子どもが優になるべきもので、教師の指導がいたらないときに良や可をつけるのもやむをえない」といった指導すらしていたのです。

その時代にはクラスの何パーセントかの子どもにむりに「丙」や「可」をつけなければならないということはありませんでした。

しかし、敗戦後、アメリカ式の教育制度がとりいれられるとともに、評価についての考え方も大きくかわりました。「五段階相対評価法で、5は上位七パーセント、4は二四パーセントなどになるように成績をつけるのが科学的で客観的で公平な評価法だ」という考えが支配的になったのです。

絶対評価法の場合、評価の基準が教師一人ひとりによってちがうと、「ある先生は点があまいが、ある先生はからい」というようなことがおきます。「漢字の書きとりが八〇パーセントもできればとてもよい」という先生と、「八〇パーセントしかできないのでは困る」という先生とでは、同じ八〇パーセントできるA君の成績だって、かなり変わってくるわけです。

教師がちがっても〈絶対評価の大まかな基準〉について共通の考え方があるのがふつうなので、そんなにまちまちになることはないとはいうものの、細かくみれば、ちがってくるのがとうぜんなのです。そこで、そういう「教師によってちがうような主観的な評価ではだめだ」というので、統計学に裏づけされた「科学的」評価法がアメリカからもちこまれてきたのです。

五段階相対評価のはじまり

もともと五段階相対評価法というのは、「まったく偶然にデタラメに分布するものについての数学的な法則」をもとにしたもので、「デタラメに分布しているものの状態」をとらえるにはいい方法です。だから、それは、心理学者や社会学者などが「すでに行なわれた教育活動とは直接関係のなさそうな子どもの状態をとらえる」にはおおいに役だちます。しかし、「目的意識的な教育活動をうけた子どもたち」を評価するには、まったくあてはまらないのです。

子どもをテストして、その成績の分布が（五段階相対評価法の基礎になっている）いわゆる

「正常分布（ガウス分布）」になるようにするためには、「その子どもたちができるのもできないのも、まったく偶然によってきまる」というようなテスト問題をだすか、そういうデタラメな教育をするかしなければならないのです。「ぜひこれだけのことはすべての子どもたちに教えたい」というようなことは、テストしてもガウス分布なんかにならないのがあたりまえなのです。

ガウス分布は「正常分布」などともいわれるので、その分布のようにならないのはなにか教育が正常でないように思われてしまうことがあるようです。しかし、この正常というのは「デタラメさ・偶然さが正常」という意味でつけられているにすぎないのです。だから、目的意識的な教育活動をして、その結果の成績分布が正常分布に近いものになったとすれば、「それはその教育が教育活動として正常でなかったのではないか」と疑ったほうがいいわけです。

じつは、日本の教育学はもともと哲学的な学問で、「教育現象を科学的・数量的にとらえて研究する」という伝統がいちじるしく欠けていました。そこで、敗戦後、アメリカの一部の学者たちによってもちこまれた五段階評価法を正しく理解することも、批判することもできませんでした。そこで、この評価法は、「進歩的で科学的な評価法」という鳴りものいりの宣伝とともに普及し、「唯一無二の科学的評価法」と思われてしまって、全国の教育現場に定着してしまったのです。

相対評価への不満と、残る問題

数年まえ（一九七〇年代前半）まで日本の小・中学校では、ほとんど例外なく、通知表も指導要録も五段階（または三段階）の相対評価法で記入していました。

「相対評価で五段階の成績の比率がきまっていると、ほとんどすべての子どもたちに、ある教科を十分満足できるところまで教えることができたというような場合でも、やはりだれかに1や2や3の成績をつけなければならなくなる」ということを説明しましたが、数年まえ、ついに通知表についての父母の不満・疑問が爆発して、「通知表はかならずしも五段階相対評価法にしたがわなくてもよい」ということが明確になり、新しい評価のしかたが問いなおされるようになってきたのです。

「相対評価がだめなら、絶対評価にすればよいだろう」というので、いまでは絶対評価法で通知表の成績をつける学校がふえてきています。しかし、そこにもまたとまどいがあります。

その一つは、絶対評価の基準をどこにおいたらよいか、なかなか確信がもてないことです。むかしはみんな絶対評価をやっていたので、「このぐらいできれば甲（優）でいいだろう」という基準もなんとなくできていたようですが、新しくそういう基準をつくりだすのはたいへんなことです。「事務的にたいへんだ」というよりも、「どのような評価基準をつくるかによって、その人の人生観・教育観から教育能力までが問いなおされることになってしまう」から、たいへんなのです。

しかし、その困難が解決されたとしても、まだ残る問題はいくつもあります。その一つの問題は、今日の日本の社会では両親の通知表への関心は必然的に上級学校への進学問題とからんでくるということです。「通知表をみると、うちの子どもが学校で教わる数学や国語をひととおりよく理解していることはわかる。しかし、ほかの子どもたちとくらべてどのくらいできるのかがわからないと、これでどんな上級学校へ進学できるのかわからなくて不安だ」といった声がでてくるわけです。

今日の入学試験は明治中期までの入試とちがって、「ある程度以上できれば、いくらでもはいれる」というわけではなく、入試や内申書の成績の序列できめられます。そこで、入試のことを考えにいれると、どうしても「ほかの子どもとくらべてどの程度できるか」という相対評価的な位置づけが問題になってくるのです。

この問題を解決するためには、入学試験そのものを廃止して希望者全員を入学させることにするか、それとも入学試験でも絶対評価法を採用して「ある程度以上の学力のあるものは人数に関係なく入学させる」よりほかありません。高校や大学の入学にそういう制度を採用することは、いま、すぐにでも実現できうることだと思うのですが、それはさておき、そういう入試の問題が解決してもなおかつ相対評価をやめてしまうことに対する疑問は残るでしょう。それは、「子どもたちの学習意欲を高めるには、子どもたちを競争させるのが一つの有効な手段だ」という考え方に根ざすものです。

相対評価と競争原理

競争というものはもともとそこにいる人びとのあいだの相対評価を競うものです。ある人びとは「人生は競争だ」といってあらゆる場面に競争をもちこんで序列をつけようとします。しかし、そのような考え方のまちがっていることは明らかです。

ありとあらゆることで競争させて序列をつけようとしても、人によって価値観のいちじるしくちがうものでは競争の序列の基準などきめようがないからです。じつは「人生とは競争だ」などという人には、権力者的な地位にいる人（あるいはそれを志向する人）が多くて、自分の価値基準をもとに子どもやほかの人びとを競争させて、「序列の高いものが出世するのがとうぜんだ」という考えをもっているのです。

ところが、社会というものは、人によって価値観が多様であればあるほど創造性に富み、そこに住む人びとの人生も豊かになるのです。ですから、だれかの価値観にあわせてみんなが競争させられたら、人生はじつにつまらぬものになってしまうでしょう。

日本は、明治以後、欧米を目標に「追いつけ、追いこせ」のスローガンをかかげてがんばってきました。そこで、「そのがんばり精神を教育全般にもちこもう」という考えはかなり普及しているのですが、私はこれに賛成することができません。

だいいち、だれかのあとを追うときには「追いつけ」のスローガンでもよいのですが、いちばんまえのほうに出たら、「どちらにすすんでいったらよいかわからなくなる」というのが人生であり、歴史であるのです。人が踏みかためたあとには道ができているけれど、これからすすもうというところには道がなくて、「どの方向にすすんだらよいか」ということについては、自分自身の価値観と創造性をたよりにするよりほかないのです。そんなときには、みんなのあとを追いかけて速くかけてきた人びとよりも、みんなからはなれて自分でわき道でもきり開いた経験のある人のほうがずっと役に立つのです。

日本では学校教育のほとんどすべてを文部省が画一化しているので、「教育の評価基準も一つにまとめうる」という考えが強いのですが、学校教育の価値基準がそんなに画一化していることが日本人の創造性を失わせていることも見落としてはならないでしょう。

しかし、だからといって、「競争というものはすべてナンセンス」「競争というものはあってはならないもの」という考えも正しいとはいえないでしょう。子どもたちは、テストも好きですが、競争も大好きです。ゲームも競技も好きです。ある限界のなかでは競争というものは明らかにたのしいのです。それで学習意欲がかりたてられることも少なくないのです。

ただ、「競争にもたのしいことがあるから」といって、あらゆることですべての人間が競争させられたらかないません。競技とかゲームとかいうのは、もともと自発性にもとづいていて、「やりたいもの同士がやるからたのしいのだ」ということを忘れてはなりません。競争とか競技とかいうものは、本来、いくらかでも勝つ見込み、負ける可能性があるときだけたのしくできるものでしょう。とくべつな事情がなければ、はじめから「勝てっこない」「負けっこない」にきまっている競争など、だれだって本気でやりたいとは思わないでしょう。

もっとも、うんと実力のちがうことがはじめからわかっている人びとだって、はじめからその実力にみあうハンディキャップをつけておけば、たのしくゲームをすることができます。負けるにきまっていても、どのくらいの差で負けるか、その差を縮めることに意欲をもやせば、ハンディキャップを設けたときと同じようにたのしく競争できます。本来、競争というのはそうやってやるものです。

アメリカのすぐれた物理学者ファインマンさんは、子どもをまえ向きに走らせ、自分はうしろ向きに全力ではしるという工夫をして子どもと真剣に競争することをたのしんでいたということです。

社会的に役立つことのよろこび

それなら、「相対評価というものは、たのしみのための競争のほかには、入学試験のような困ったものがなければまったくしなくてもすむものか」というと、どうもそうではないようです。それは、私たちがいろいろなことを学ぶとき、かならずしも自分自身のためにだけ学んでいるのでなく、「ある一つの社会のなかで自分を役だてるために学んでいる」ということが少なくないからだといえるでしょう。

私はむかしからよくこんなことをいいました。「〈一軒の家ではヒューズがなおせるのは一人〉という法則」があるということです。

近ごろでは、ブレーカーというものが作動するので、ヒューズがとぶことなどほとんどなくなってしまいましたが、むかしはよくとんだものです。そんなとき、たいていの家庭では、そのヒューズをとりかえる仕事はお父さんが担当していました。ところが、何かの事情でお父さんがなおせないとお母さん、お母さんがよほどの電気恐怖症だと男の子、その男の子もだめなら女の子というように、だれか一人がヒューズ修繕係にきまっているのがふつうでした。

これと同じように「〈学校のなかでアンプのいじれる人は一人〉という法則」もあるようです。アンプをいじくってマイクの感度・音量などをうまく調節できる先生はたいてい一校に一人はいて、一人以上はいないのがふつうのようです。

これはどうしたことでしょう。一家のなかでヒューズをなおすのはだれ、学校でアンプを調整するのはだれと、いつのまにか係が一人にきまってしまうのです。それは、その家や学校でそういうことにもっとも適任で有能と思われる人がいつのまにか選ばれるからそうなるのです。

一つの単位組織のなかで、ちょっとでもめんどうそうなことは、「だれかもっとも有能そうな人にまかせばいい」というので、まかされた人はますます上達し、まかされない人はますますおっくうになるというぐあいに専門分化が行なわれるのです。だから、「あるグループのなかで、あることがらについて自分がいちばんよく知っているかどうか」ということは、そのグループのなかで知識を生かすうえで重要な関心事になるのです。

私たちの学ぶことのなかには基礎的な「読み・書き・計算」のようにだれでもが知らなければならないこともありますが、そのほかのことの大部分は、あるグループのなかの何人かが知っていればすむのがふつうです。そのグループのなかでもっともよく知っている人たちが指導性を発揮すれば、それでよいことになっているのです。ですから、私たちはかならずしも自分の知識・能力さえ豊かになればよいというので学ぶわけではありません。

たしかに学ぶに値することでありながら、ほかの多くの人びとがまだ知らないことだと、そのことを学ぶことは、その社会に寄与しうる可能性が大きいことになります。すると、人びとは、そういうことを学ぶのに大きな意欲をもやすようになるのです。あるグループのなかで、だれもできない、知らないことをはじめて学ぶときには、いくらかの困難がともなうのがふつうですが、多くの場合、それにもまして強い学習意欲・研究意欲がそれらの困難をのりこえさせることになります。

多くの先駆者の伝記などを読むと、「それらの先駆者が、いかに多くの困難に直面しながら、いかにねばり強くそれらの困難を克服したか」ということについてはくわしく書かれているのがふつうです。しかし「それらの人びとはそういう先駆的な仕事のもつ社会的な意義を大きく認めたからこそ、それだけの困難をのりこえさせる意欲・たのしみをもちえたのだ」ということも強調する必要があるでしょう。

ほかの人が知らないことを知る

それと同じことで、子どもたちの学習意欲というものも、〈その学習内容とその子どもとの関係〉だけできまるものではけっしてありません。それはきわめて社会的な性格をもっていることに注目する必要があるのです。子どもたちの学習意欲をそそるためには、とうぜん、そこで教えようとすることがらが、「現在あるいは将来の子どもたちの生活のなかでどのように役だちそうか」ということを子どもたち自身が、十分、感じとられるようにしなければなりません。

ところで、その「生活のなかで役だつ」というのは、社会的な生活のなかでの話だということに注目する必要があります。それ自体としては同じように役にたちそうなことでも、ほかの人びとのあまり知らないことのほうが社会的に有意義で、学びがいのあることになるわけです。

このことは、私たちが仮説実験授業を実施していくなかでもはっきりと体験させられたことでした。仮説実験授業では、従来よりもはるかに程度の高い科学の内容が子どもたちに与えられます。それは、「程度の高い、科学上のもっとも基本的な諸概念や原理的な法則を教えたほうが、その適用範囲も広く、学びがいがある」と考えたからです。

じっさい、私たちの試みは成功でした。子どもたちの考えのすじみちに注意して、その考えをのばしていけば、これまで「小・中学生には教えられっこない」と思われていたことがとても興味深く教えられることがわかったのです。しかも、子どもたちはみんなのまちがえそうな問題、両親も兄さんも姉さんも知らないようなことだと、そういうことを学ぶことに対する評価がいよいよ高くなり、学習意欲もますますそそられてよく考えることが明らかになってきたのです。

子どもたちは、「これはお父さんやお母さんも知らないだろう」と思うと、とくにその問題をよくおぼえて、家に帰ってからお父さんやお母さんに問題をだし、「正しい答えや考え方を教えてやるというよろこび」も味わいはじめます。

そういうとき、お父さんやお母さんは、子どもたちが親も知らないような高度な、しかも有用なことを意欲的にまなびとっていることに驚き、よろこぶことになりますが、それがまた、子どもたちの自信を強めることになっています。「たしかに有用なのにおとなも知らない」ということを知れば、「その知識は社会的にも役にたつだろう」と思えるからです。

こういう点、「明治のころの小学生は漢字の学習などでいまの小学生よりもずっと強い学習意欲をもちえた」ともいえるでしょう。その時代なら、両親も知らない漢字を学んで教えてやるよろこびも味わうことができたのです。

子どもたちは、通知表などで教師から評価されるまえに、自分なりに学習内容の価値を評価していることを忘れてはならないでしょう。教師は、子どもたちが「本気で学ぶに値する」と評価しうるようなことがらを教えてはじめて、その子どもの評価を手伝ってよろこばれることになるのです。

学ぶに値することと教育の普及

「私たちは、社会的な人間として同じように役だちそうな知識でも、ほかの人びとの知らないようなことがらのほうにより強く学習意欲をかりたてられる」ということの結論は、いまの教育体制を反省するうえで重要な視点になるように私には思われます。いまの教育は、すべての人びとにあまりにも同じことを教えすぎて、子どもたちの学習意欲をよびおこすことにとても不利になっているのです。

むかしは英語を知っている人はごくわずかで、それだけに社会的にも学びがいがありました。たしかに役にたつことでも、ごく一部の人たちだけが学んでいるときと、ほとんどすべての人が学ぶようになったときとでは、そのことを学ぶ価値、したがって、その学習意欲もいちじるしく変わってしまうのはとうぜんのことなのです。ですから、いまの子どもたちがとくべつ不勉強だというわけでもないのです。いまの子どもたちだって、いまのおとなが知らないような高度な科学を学ばせれば、目をかがやかせて勉強するのです。

こういうことを考えると、「〈どの学校、どのクラスの子どもたちにもできるだけ同じことを教えるべきだ〉としてきたこれまでの教育についての考え方はまちがっていたのではないか」ということになります。むしろ「クラスによって、学校によって、ちがったことを教えたほうが学習意欲をもりたてるのに効果的だ」ということになるからです。

もっとも、こんなことをいうとすぐさま、「それではだれでも知らなければならない基礎的な学力の養成はどうするのだ」という反論がかえってくるでしょう。しかし、私はそういうことをいう人びとに対してさらにこう反論したいのです。「いまの教育では、そういう基礎学力の養成をめざしてすべての子どもたちに画一的な教育をやっているわけですが、それでいったいどれほど役にたつ基礎学力が育てられたでしょうか」と。

じっさい、五段階相対評価などもふくめて評価問題を論ずるための数学的な知識は、いまの中学ないし高校程度の数学を知っていれば十分なのに、教育学者たちは「評価問題は数学が出てくるから」といって逃げている状態です。評価について論ずることなしに教育を論ずることなどできっこないのに、評価には測定という実験や数学をふくむというので心理学者にまかせてきたのです。

みんな一様にタテマエ的に学んだ数学など、教育学者の生きる力にもなっていないのです。むしろ、中学・高校で人によってちがった数学を学んだら、教育学者の一〇分の一や五分の一は数学に自信をもち、評価や測定の問題にも自信をもって発言できるようになっていたでしょう。

いまの小学校の高学年以上の学校教育は、〈むかしはエリート教育機関だった高等小学校や中学校・高等学校〉で教えられていたことをほぼそのまま踏襲《とうしゅう》するようなかたちでなりたっています。ごく一部のエリートだけを対象として行なわれていた教育内容をできるだけたくさんの人びとにも開放して、教育の民主化・大衆化をはかろうとしてきたのです。しかし、そういう教育大衆化の考えは二重にまちがっているといえます。

むかし、ごく一部のものだけが学んでいたことは、「一部のものだけが学んでいる」というまさにそのためにこそ学ぶに値し、学習意欲がよびおこされることが少なくなかったのです。それらのことがらは「すべての人びとが知るべきことだから」というので学ばれたというよりも、「何パーセントかの人びとが知っておけば社会的に役にたつ」という意味で学ばれたりしていたのです。

そういう教育をそのまま大衆化しても、学習意欲が激減するのはとうぜんのことといえるでしょう。なにも近ごろの子どもたちが生まれつきなまけものになったのではないのです。

むかし、エリートがある種の教育をうけたことによって、エリートとしての特権的な地位を得られたからといって、それと同じ教育を大衆化しても、昔のエリートのように意欲的に学ぶことができるはずもないのです。

近ごろの子どもたちが昔の学生たちとくらべてはるかに学習意欲がおとっているようにみえるのは、なにも「昔は才能のある者だけが上級学校に進学したが、近ごろは頭の悪い者まで上級学校に進学するようになったからいけないのだ」といって説明することはできないのです。

教育内容を多様にする

だいぶ話が評価の問題からそれてきました。しかし、これまでの話もじつは評価の話と密接な関連があるのです。そこで、話を評価のことにもどしましょう。

むかし、ごく一部のエリートだけが英語や数学を学んでいたころ、それらのエリートのなかでもとくに理解や記憶のはやいものと遅いものとの差がありました。それはしばしば試験の点数であらわされました。しかし、そういう時代にはことさらそういう評価法が批判の対象となることはありませんでした。それはなぜでしょうか。それは「かれらがエリート、つまりごく一部の恵まれた人びとだったからだ」といってよいでしょう。

その時代、クラスでもっとも英語のできなかった中学生でも、「中学に進学できなかった人びととくらべれば、はるかによく英語を知っている」といえました。学んだものと学ばないものとのあいだには、それだけの差があるのは当然のことです。ですから、その時代の中学生は、たとえクラスのなかで落後しても、中学生としての誇りを失うことはありませんでした。一年落第してもなんでも、学習意欲をすてずについていったのです。そして、たとえわかりがおそくても、その英語の学力はあとでかなり確実に役だてられたのです。

しかし、いまの中学生はどうでしょう。いまでは日本中の中学生が同じように英語を学んでいるのですから、英語のできの悪い中学生にとっては、ちょっとした会話や単語の知識以外は個人的にも社会的にも役だちそうにありません。これではいちど落後したら、もう学習意欲を維持することが困難なのはとうぜんのことではないでしょうか。

それでは、中等教育や高等教育はごく一部のエリートだけのものとして残す以外に方法がないのでしょうか。いや、そんなことはありません。クラスによって学校によって教えることを大きく変えればよいのです。

たとえば、すべての中学生に英語を教えるのではなく、中学校時代から第一外国語として朝鮮語〔ハングル〕やマレー語・インドネシア語・中国語・ロシア語・ドイツ語・イタリア語などを教えるクラスをつくればよいのです。もちろん、その場合、「成績の優秀なものは朝鮮語をやれ」とか、「頭の悪いものは英語をやれ」とかなどと成績などの序列によって学習内容を差別することはいっさいしないことが肝要です。

こうして、人によって朝鮮語やイタリア語などとちがう外国語を学んでいれば、朝鮮語クラスの最劣等生でも、着実に学んでいけば、確実に朝鮮語の知識を他人の役にもたつように生かすことができると期待できるでしょう。

理科などでも、あるクラスは〈光と虫めがね〉の授業書をくわしくやり、ほかのクラスでは〈じしゃく〉の授業書をくわしくやるなどして、小学校からうんとちがうことを教えることができます。そうすれば、〈光と虫めがね〉の授業書を学んだクラスのもっとも理解のおそかった子どもでも、光や虫めがねの知識が必要になったとき、それを学んでいないほかのクラス出身の人びとに役だてることができるでしょう。

科学では教えるに値することをいくらでもたくさん見つけることができます。そこで、クラスによって大きなバラエティーをもたせることは十分可能なのです。それで、あるいくつかの単元をくみあわせれば、いまの小・中・高校生が身につけている程度の科学に関する基礎学力ぐらいは容易に身につけさせることができるでしょう。

序列主義の根源

一群の人びとに同じことを同時に学ばせると、たいていの場合、理解のはやい人と遅い人、習熟のはやい人と遅い人といったちがいがでてきます。人によって素質や個性がちがうからとうぜんのことです。ところが、急進的な人びとのなかには、そういうちがいを認めることを拒否する人がいるようです。今日の評価はしばしば差別につながるので、「評価などしてはならない」「序列などつくはずがない」といいはるのです。

たしかに、ある一つのことがらについてだけでもたくさんの人びとの知識・能力を細かく序列化することはできません。しかし、大まかに三段階ぐらいにわけることなら、むしろできるのがふつうです。そういう現実を否定することから議論をはじめることはできません。いっさいの評価・序列を否定する人びとだって、その日常的な判断のしかたをみていると、けっこう「だれそれはとても優秀だ」とか「だれは無能だ」などと判断しているのがわかります。たくさんの人たちに同じことをやらせたら、はやい遅いや深い浅いがあってあたりまえなのです。

今日の評価・序列化のまちがいはむしろ、教育の機会均等の名のもとに日本中ぜんぶの人に同じことを教えて、それですべての人を序列化することにあるのではないでしょうか。東大も△大も□大も同じような内容で入学試験をすれば、「東大のほうが△大よりもむずかしい」とか「やさしい」とかと序列がつくのはあたりまえです。

しかし、東大と芸術大とをくらべて、「どちらがむずかしい」とか「やさしい」とかとくらべることはナンセンスでしょう。人によって「学ぶに値する」と評価することがちがえば、学ぶことがらもまったく変わるはずで、学んだことがらがちがう人びとのあいだで序列をつけることなどナンセンスになるのです。

これまでの多くの人びとの教育改革論をみていると、「序列化はいけない。みんなに同じことを教えよ」という主張がどんなに多かったことでしょう。もうこのへんでその考え方自体に矛盾があることに気づかなければならないと思うのですが、どうでしょうか。

絶対評価法の改善

そういえば、みんなに同じことを教えて、それがどれだけ理解されたかを評価するとき、相対評価法をもとにしても絶対評価法をもとにしても、そのちがいにほとんど気づかないのがふつうです。

同じ三段階法で評価するとき、相対評価法では3・2・1のどれもがある比率で現われるのに対して、絶対評価法では、全員2と3だったり、全員3だったりすることもありますが、たいていの先生はそういうことはしないからです。やはり「小学校四年生なら、このくらいできていいはずだ」と考えると、とくべつすぐれた授業でもしないかぎり、全員3というわけにはいかず、相対評価のときと似たような割合で2や1に評価せざるをえない子どもが目につくのがふつうだからです。

そこで、ふつうの父母には、「自分の子どもの学校の通知表は相対評価なのか絶対評価なのかよくわからない」ということになるでしょう。

それは、この場合の絶対評価は、絶対評価とはいいながら、「小学校四年生なら、このくらいできてもいいはずだ」という全国の四年生の仮想的な学習能力を基準として、それに対する相対的な能力を評価していることになっているからです。つまり、「ふつうの通知表の成績は、絶対評価でつけてある」といっても、それはやはり相対評価の域を脱していないともいえるのです。

もっとも、この点、もう少し改善された通知表もあります。たとえば、「四年生の配当漢字が書けるようになったか」というようにかなり具体的な項目に対して、「3—できた」「2—もう少し」「1—まだ」などと評価するようになっている通知表があります。

しかし、これも〈四年生の配当漢字〉ということにとらわれている点で相対評価の域を脱していないともいえます。こういう通知表をもらっても、「だれは3がいくつで、だれは2がいくつ」という数のうえでの比較が競争の対象となったりするからです。

しかし、身体の発達欄のようなところはたいてい文字どおり絶対評価になっています。「身長は一四五・〇センチメートル」などと書いてあって、それを半年まえや一年まえのときとくらべて、「ずいぶん大きくなったなあ」と考えることができるようになっているからです。

そういえば、子どもたちはどんなに劣った子どもでも、三年生の末から四年生の末にかけて、身体だけでなく、その知識や能力も確実に成長しているというのに、ふつうの通知表ではそのことを読みとることがむずかしいのはどういうことでしょう。

なるほど、四年生で教わる漢字は三年生で教わる漢字よりもふえているのですから、たとえ「四年の漢字が書けるか」というところの評価が「2―もう少し」や「1―まだ」であったにしても、少しは漢字が書ける能力がましていると想像することができるはずなのですが、こうした通知表でははっきりしません。

それに、四年生のとき「2―もう少し」とか「1―まだ」とかと評価されたことが、五年生や六年生になってから再評価されて「3―できる」に格上げされることにならないのも不思議です。「2―もう少し」とか「1―まだ」が「ふつう」や「だめ」でないのは、あとで伸びることが期待されているからでしょうに、あとでの伸びが評価されないのは片手落ちというほかありません。

その点、大学では単位をとりそこなって「まだ」になれば、つぎの機会に単位をとって、その不足をうめることができるようになっているではありませんか（いちどうけた試験が可であっても、もういちど勉強しなおして試験をうけて優にすることも可能にするのがほんとうなのでしょうが、どこの大学でもそんなことはしていないようです。費用がよけいにかかるというのなら、再試験料をとってでもやるべきだと思うのですが）。

通知表の改善

通知表の成績をほんとうの意味での絶対評価法でつけるとすれば、五年生になっても、四年や三年で教えのこしたことの評価のしなおしをすべきなのです。そうして、かなりおくれた子どもでも、六年生のときに小学校三年生程度の漢字をほぼ確実に書けるようになったとき、「三年生の漢字が書けるか」の欄に「3―書ける」と評価されてしかるべきなのです。それが、自分が進歩していくのを確認し、たのしむことのできる通知表のあり方といえるでしょう。

水泳のような場合にはいまでもちゃんとやっているのですから、できないはずはありません。みんなが一級・二級を競っていても、昨年、六級だった子どもが今年は四級になれたことをよろこんでいるような姿を見るにつけ、通知表にはもっと抜本的な改革の余地があると思うのですが、どうでしょうか。

たとえば、こうするのです。一年から六年まで同一の通知表を用いることにして、そこにたくさんの知識・能力の項目を書いておいて、「3―できる」「2―もう少し」「1―まだ」などという評語をおき、評価した事項に、一年は黒丸、二年は赤丸、三年は二重黒丸、四年は二重赤丸などのしるしをつけていきます。すると、おくれた子どもでも、たとえば、五年生になったとき、「九九がいえる」が「2―もう少し」から「3―できる」に昇格したりできるわけです。

ふつうなら二年や三年のときにできているはずのことでも、教えのこしたことは「あとで再評価しなおしておちこぼさないようにする」といった配慮は、そういう通知表があると効果的になるのではないでしょうか。そういう通知表なら、できのよい子も悪い子も、それなりに「こんどは〈3―できる〉が六つふえた」とか、「七つふえた」とかなどとよろこびあえるはずなのです。

いくら九九や漢字や科学の理解がおそい人でも、それをおぼえ理解すれば、人生のなかで活用できることにかわりがありません。そういう人はそれをほかの人にも教えてあげることができるのです。そういうあたりまえなことがこれまでの評価法では脱落していたのではないでしょうか。

補足——ガウス分布（正規分布・正常分布）と成績分布

いま、沢山の十円玉を用意して、でたらめに投げて何枚おもてがでるか数えてみることにします。この場合、全部がおもてになるようなことはまれで、おもてとうらとが半々ぐらいになることが一番多いでしょう。そこで、たとえば4枚のうち、X枚のものがおもてになる場合がどのくらいの割合で生ずるかを計算すると下のようなグラフが得られます。

そこで、十円玉の数をどんどんふやして同じようなグラフをかくと、棒グラフの段落はだんだんと連続的になって、次のページの図のような曲線に近づいてきます。

この曲線は、「多くの量が偶然的な要因によってある平均値（M）のまわりにちらばるときの典型的な分布の仕方」を示すもので、統計学的に重要なものです。そこで、この曲線による量の分布のことをとくに「正規分布」「正常分布」とか「ガウス分布」と名づけ

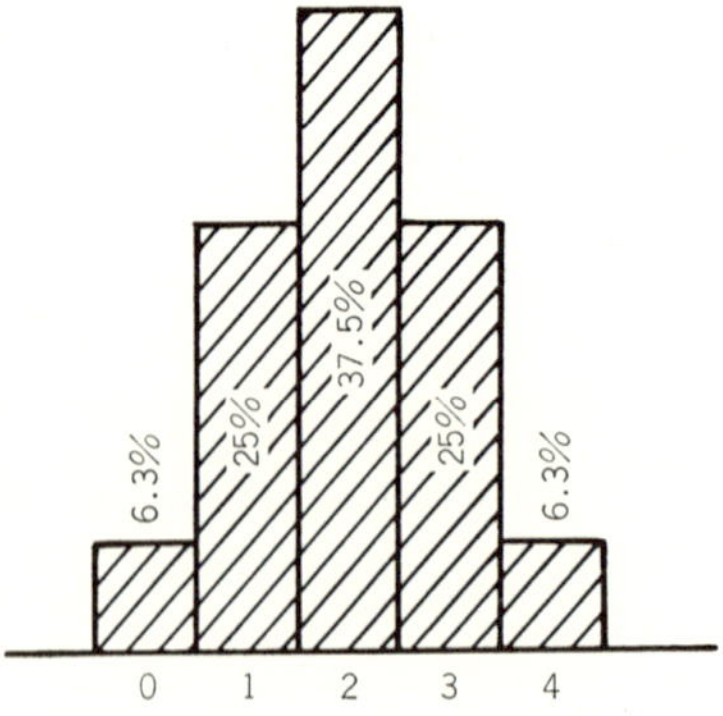

ているのです。ガウスというのは、この曲線について
とくにくわしく研究したドイツの大数学者ガウス(K.F.Gauss, 1777〜1855)の名をとったものです。

この分布曲線を特長づけるのは、平均値Mとそのまわりへのちらばり方の大小を示す「標準偏差」という値で、ふつうこれをσ(シグマ)という記号であらわしています。このグラフの平均値Mの両側にσ《シグマ》の範囲をとると、このグラフの面積全体の68.3%はその範囲に含まれる性質をもっています。

そこで今度は、Mを中心にσ《シグマ》の幅をとり、その左右にまたσ《シグマ》の幅をとって、その間にかこまれる面積を計算すると、それぞれ次のページのグラフに示すような割合になります。

それでは、実際にこのようなガウス分布をするもの

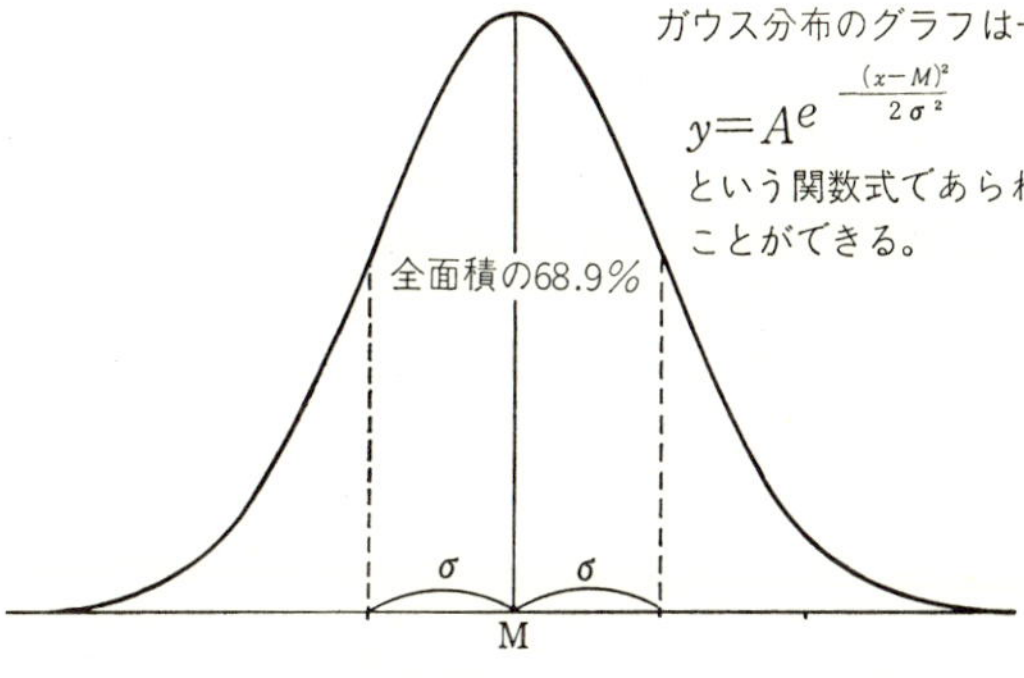

ガウス分布のグラフは一般的に

$$y=Ae^{-\frac{(x-M)^2}{2\sigma^2}}$$

という関数式であらわすことができる。

にどんなものがあるでしょうか。たとえば、「いろいろな測定値の誤差」とか、「ある年齢の子どもたちの身長の分布」があります。

ときどき、「テストの成績分布がガウス分布するように配慮して作るべきだ」などといわれますが、それには何の根拠もないのです。

ガウス分布というものは元来「ある一定の平均値をとるような傾向をもった量が、全くの偶然によってその平均値からはずれるその分布の仕方」に適用されるものであって、教育のように成績分布の仕方が偶然によるものでない場合にはあてはまらないのが当りまえなのです。

ところが、敗戦後日本の教育界では、「学力テストの成績はガウス分布するのが正常だ」というまちがっ

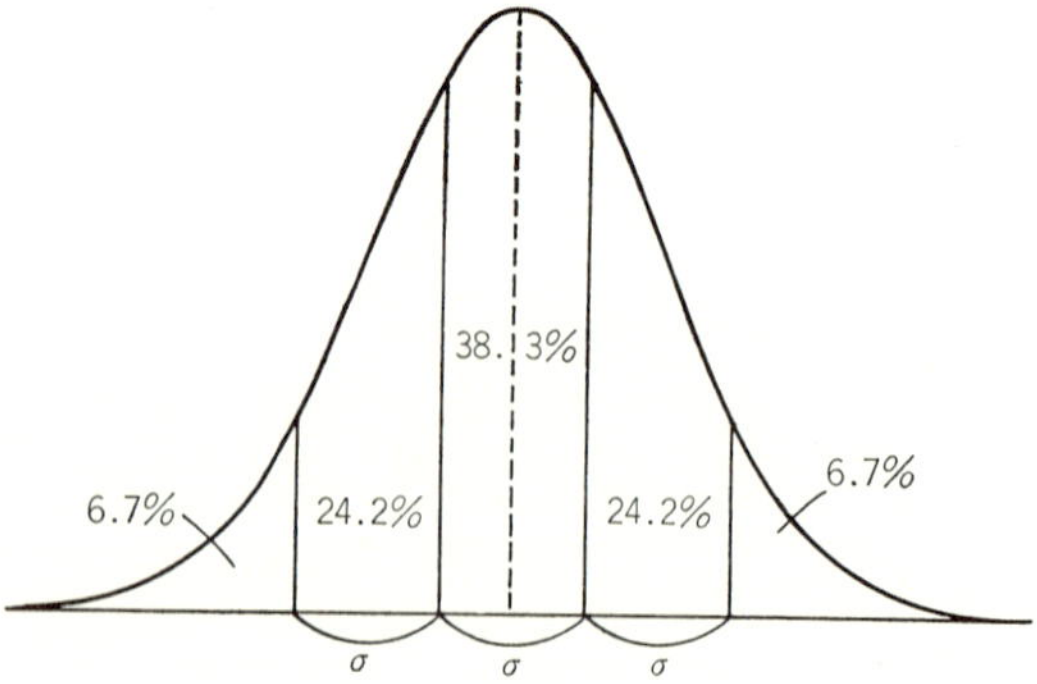

た考えがひろがってしまったのです。そのきっかけは、知能テストの普及にありました。

知能テスト法というのはもともと、「知能というものは生まれつきできまる」という考えをもとにしていました。そこで、その研究者たちは「自分たちの測定しているのは教育の効果でなく、生まれつきの偶然によってきまる知能である」ということを証明するために、そのテスト結果が偶然性特有の分布、つまりガウス分布になることを鳴りものいりで宣伝したのです。これが効果をおさめすぎて「テストというのはなんでもガウス分布するのが正常だ」というまちがった考えをひろげてしまったのです。

これは、「一般の教育関係者が数学に弱いため」としかいいようがありません。ガウス分布が正規分布とか正常分布という名でよばれていることも、教育関係者の混乱を倍加させているようです。正常分布の「正常」というのは、何も「テスト問題や教育活動が正常だ」という意味でつけられたものではなくて、「全くの偶然によって生じたものとして正常」という意味でつけられたものなのです。だから、テストの成績が正常分布したとすれば、その成績の差は生徒たちが偶然におぼえたり忘れたりしたことだけのあらわれということになってしまいます。これでは四枚の十円玉をなげさせて、「四枚ともおもてがでれば5の成績、三枚なら4、……全部うらなら成績1」などと成績をきめるのに等しいことになってしまうわけです。教育評価としてはむしろ「正常分布（ガウス分布）するのが不正常」なのです。

〔本項（補足）は『たのしい授業』一九七三年六月号に掲載された文章です〕

テスト・通知票・指導要録・内申書

先生のつける四種類の成績記録の歴史と問題点

初出一九七三年

1　いま

いま（一九七三年）の学校では、子どもたちの学業成績をいろいろなかたちで評価し、それをさまざまなかたちで発表し、記録にのこしています。

テストと通知票と指導要録

まず、「テスト」があります。その採点結果はたいてい家庭にもちかえることになっているので、親も「自分の子どもがどんな問題を課せられて、どのように答えているか」知ることができます。近頃は、「市販《しはん》テスト」といって、業者が印刷したテスト用紙を用いて行なうテストが社会問題となっています。

学期末には、それらのテストの結果をまとめたようなかたちで、「通知票」（あるいはそれにかわる名前のもの）が作られて、家庭にもちこまれます。最近、通知票の評価の仕方については、親や教師の疑問・批判が高まったために、その形式・内容はずいぶん多様なものになってきました。通知票の呼び名も、点のつけ方も、学校により千差万別のものが作られているのです。

ところで、ふつうの親は、「学校にも、家庭にとどけられる通知票とまったくおなじ成績記録が保存されている」と思っているようですが、じつはちがうのです。学校には、「指導要録」という〈通知票のもとになるような一年ごとの成績記録〉が保存されることになっているのです。しかも、この「指導要録」の成績のつけ方は「通知票」の成績のつけ方と軌を一にしてはいないのです。たとえば、「通知票の成績が5、4、3、2、1の五段階の評価法でつけられなくなっても、〈指導要録〉のほうは五段階の評価法で記録されている」といったぐあいです。この「指導要録」の様式は教育委員会ごとにきめることになっています。ところが、今年（一九七三年）になってはじめて、大阪府および大阪市の教育委員会が大きな改革案をだしたことで話題になったぐらいのもので、これまでのところでは文部省の指導のもとではとんど全国的に画一化していたのです。

この「指導要録」は子どもの卒業後二〇年以上も保存されることになっているのですが、その「指導要録」にどのような成績がつけられているのか、親には直接知らされることがありません。だから、たいていの親は「指導要録」というものがあることさえ知りません。

それなら、親や子にとって、「指導要録」はどうでもよいような存在か、というと、そういうわけではありません。たとえば、子どもが就職したり上級学校に進学することになって、学校から「成績証明書」を交付してもらう必要がおこったとしましょう。そういうとき、企業や上級学校にとどけられるのは、「通知票」の写しではなく、「指導要録」の写しなのです。

それなら、学校ではどうして「通知票」と「指導要録」の二つの成績を使いわけるような面倒なことをやっているのでしょうか。じつは、「指導要録」というのは、子どもの「指導および外部に対する証明等のために役立たせるための原簿としての性格をもつ」もので、「公《おおやけ》」の文書なのですが、「通知票」のほうは、学校と親をつなぐ「私的」な文書なのです。そこで、この私的な「通知票」のほうでは、子ども（と親）に対する教育的配慮から、「指導要録」の形式をそのまま写さなくてもよいことになっているのです。そこで、親や教師のあいだで「通知票」に対する疑問・批判が高まってきたとき、「指導要録」の成績のつけ方はそのままにしておいて、「通知票」の記載の仕方だけをかえたので、成績表が二重帳簿になったというわけです。

内申書と指導要録と通知票

さて、「テスト」と「通知票」と「指導要録」のほかに、もう一つ重要な成績記録がありま す。それはいわゆる「内申書」です。たとえば、子どもが中学校から高等学校の入学試験をうけるとき、選抜のための資料として中学校時代の成績を高等学校側へ提出するのが「内申書」です。数年まえから多くの都道府県で、高等学校の入学のさいに中学校時代の成績を重視するようになったので、「内申書」に対する関心が大きく浮かびあがってきました。

この「内申書」(正式には「調査書」とか「報告書」という)は、一種の「外部に対する証明」の文書ですから、基本的には「指導要録」の写しをもってあてることになります。けれども、入学試験の選抜は中学三年の三学期が終わるまえにおこなわれますから、中学三年の成績については「指導要録」の成績を写すことができません。「指導要録」は学期ごとにつけるようになってはいないので、高校進学のときには「指導要録」は一、二年の成績記録しかないのです。そこで、中学三年の二学期までの成績については「指導要録」とはべつに、「内申書」に書きこむことになります。

それに、「内申書」の場合、「入試を公平にする」というたてまえから、各中学校での成績のつけ方を極端に統一するという考え方がでてきます。「どの学校でも同じ五段階評価法で、しかも、5と4と3と2と1の割合はそれぞれ何パーセント」ときっちりきめられてしまうのです。そこで、そのような「内申書」をつくる必要が生ずると、「指導要録」もそれに合わせてつくらなければならなくなります。

「内申書」が高校入試などに重要な役割をはたすとなったら、だれでも「内申書」の内容に無関心でいられなくなります。「通知票」をもらっても、それが高校進学のときの「内申書」の内容とまるでちがうのでは、不安だということになります。そこで、上級学校進学のために「内申書」に大きな関心をよせられる学校（いまのところ中学校）では「通知票」の形式も「指導要録」や「内申書」の形式・内容とおなじようになってきます。

以上で、今日の学校でつけられている四種類の成績記録――「テスト」と「通知票」と「指導要録」と「内申書」のそれぞれと相互の関係についてひととおり説明したことになります。そこで、これをわかりやすくまとめると、図1（次ページの上の図）のように書くことができるでしょう。矢じるしの順序は、それぞれの成績記録がつくられる順序を示しています。

もっとも、これは時間的な順序にすぎません。これを、それぞれの成績記録の性格を規定づける論理的な関係・力関係をもとにして書きなおすと、図2のようになるでしょう。

内申書・指導要録・通知票・テストの四つは、このように密接に関連しあい、束縛しあっ

図1

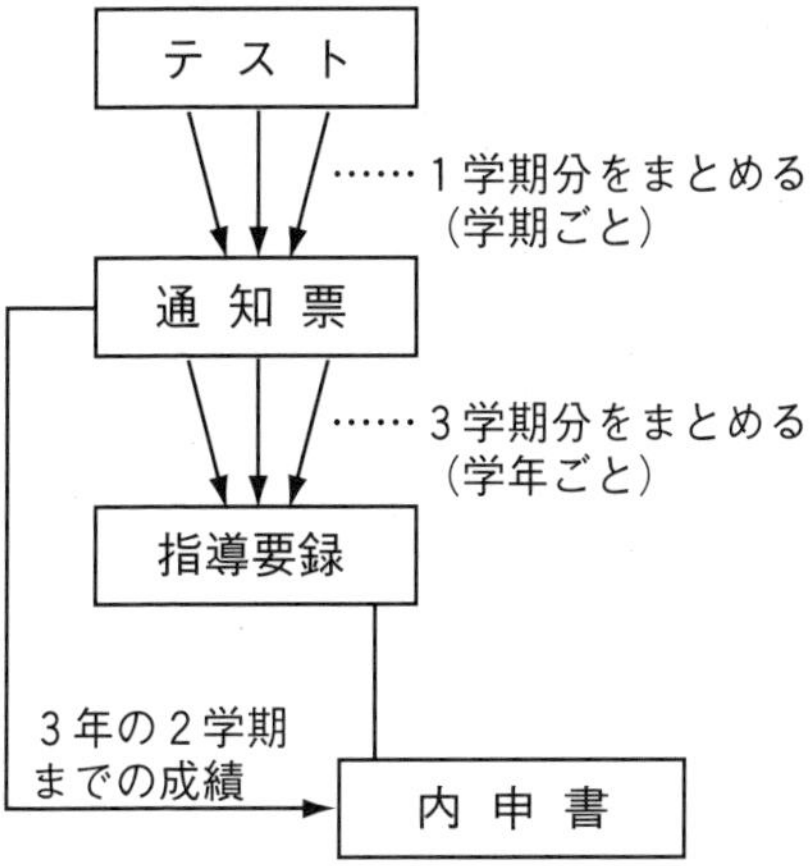

図2

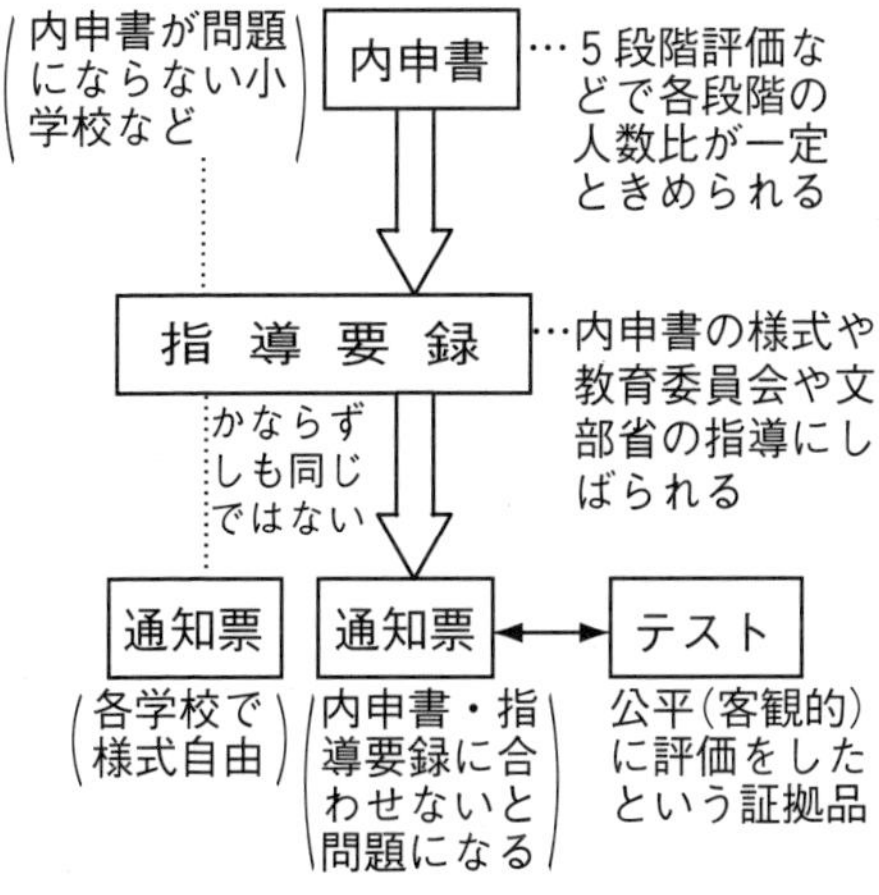

ているので、そのどの一つを改善するにせよ、これら相互の関係を十分考慮しなければならないのです。

2 歴史

ところで、今日あるようなテストと通知票と指導要録と内申書の性格やそれらの関係は、昔からあったものではありません。ある点では昔の制度が改善されて今日のようになったともいえます。けれども、またある点では主観的には善意にせよ、いまから考えると根拠のないまちがった考え方がとり入れられたために、教育の内実をかえって悪くしてしまったともいえるようです。

ですから、今日の通知票とか指導要録などのあり方をどのように改善したらよいかということについて考えるためには、それらの成績記録がどのように変わってきたかということを知っておくことが一つの有力なヒントとなるでしょう。

じつは、小中学校の教師や教育学者のあいだでも、通知票とか指導要録の歴史のことは意外に知られていないのです。そこでこれについて、私が少しばかりしらべたことについてお話することにしたいと思います。歴史のうえでいままで考えてもみなかったことがいろいろ問題になったことを知れば、教育というものを考えなおすとき、これまでよりもさらに視野を広くもつことができるようになるとも思うからです。

試験と通知票のはじまり

まず、テストについてとりあげましょう。テストつまり試験の制度の歴史については何も問題になることはないと思われるかもしれませんが、そうではないのです。

日本に近代的な学校制度が実現するようになったのは一八七二(明治五)年のことですが、その新しい学校制度では「試験」というものがたいへん重要なものとなっていました。明治五年の「学制」には、「第四八章　生徒は諸学科において必ずその等級を踏ましむる事を要す。故に一級ごとに必ず試験あり。一級卒業する者は試験状を得るものにあらざれば進級するを得ず」と書いてあります。これは小学校にも通ずる規定なのです。明治初年には、小学校でも厳格に試験をしていくらでも落第させるようになっていたのです。たとえば、〈土星型原子模型〉を提唱したので有名な物理学者・長岡半太郎も小学校で落第しています。

今日の日本の学校は、「入学できさえすれば、卒業するのはむずかしくない」というのが一つの特色になっていますが、明治の時代にはそうではなかったのです。

今日では入学試験というと、たいてい競争試験のことだけが思い起こされるようですが、明治のころの入学試験はそうではありませんでした。入学して授業についていくのに最低限必要な英語や数学の学力があると認められれば、何人でも入学させたのです。つまり、そのころの入学試験は、競争試験でなく、資格試験であったわけです。そのかわり、学期ごと学年ごとの試験は厳格でした。ある一定の成績に達しなければ、否応なしに落第です。それは小学校でも同じことでした。私の手もとに明治一一（一八七八）年三月から明治一二年三月までの五人兄弟姉妹の「通知票」の写しがあります（次ページ。中村紀久二氏所蔵のもの）。

もっとも表題は「定期試験採点正失表」とか「試験得失一覧表」とか「（定期）試験成績表」となっていますが、そのころの「通知票」といってもよいでしょう。右の通知票は明治一二年の小学校下等第六級生――つまり、今日の小学校二年生前期の定期試験成績表です。下の成績欄を読むと、「読書二五点中二一点で失点四、習字一五点中一三点で失点二、算術一六

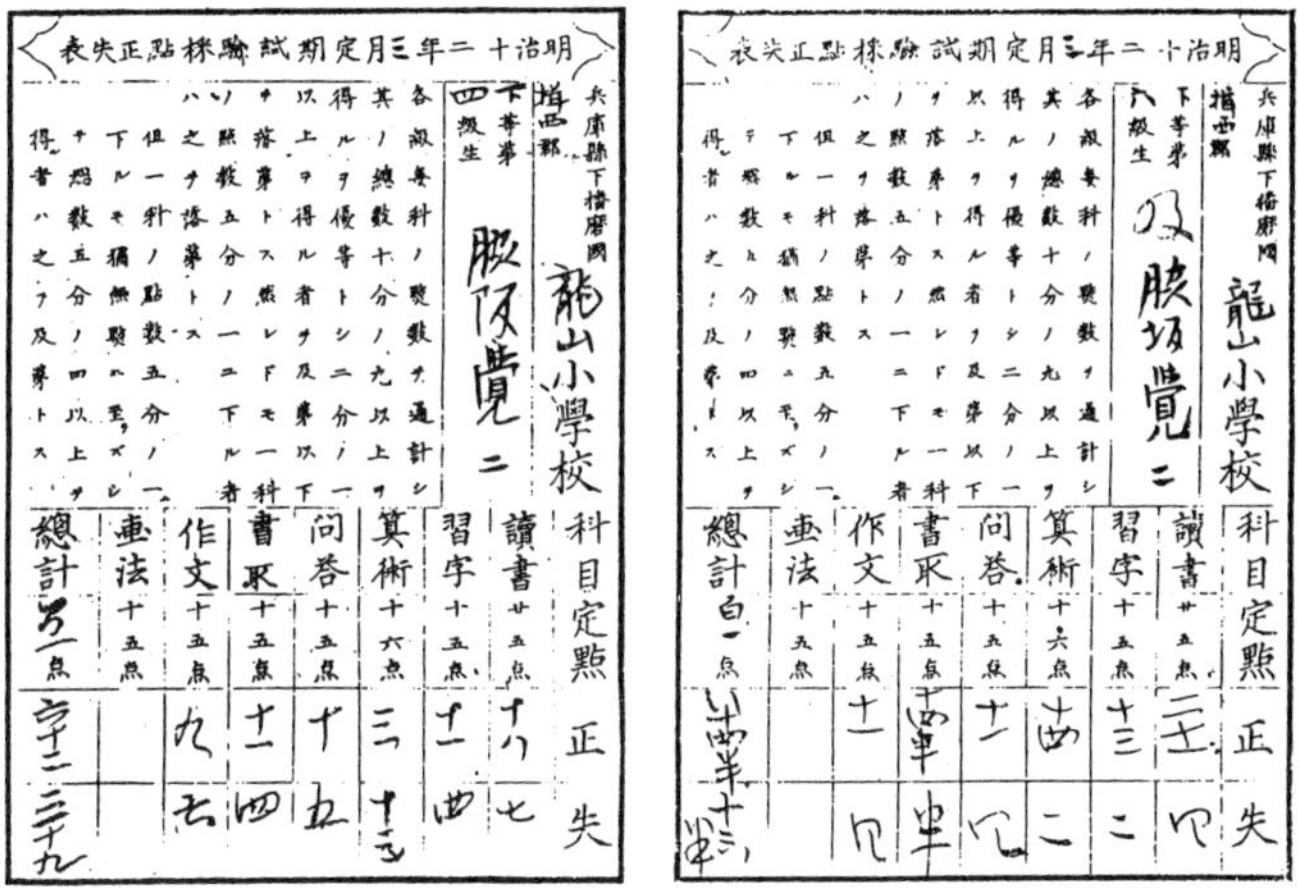

初期の通知票（明治 12 年 3 月）

点中一四点で失点二」などとあり、「総計一〇一点中八四・五点（失点一六・五）」となっています。小学校二年生というのに、いかにも厳格につけているという感じです。

そこで、上の欄を読んでみましょう。そこには、「各級毎科の点数を通計し、その総数十分の九以上を得るを優等とし、二分の一以上を得る者を及第、以下を落第とす……」といったぐあいに及落のとりきめがことこまかに書いてあります。

おなじような「通知票」を探していくと、こんなもの（左）も見つかりました。右の通知票と同一人物が同じ明治一二年の三月に下等第四級（いまの小学三年前期）の定期試験をうけた採点正失表です。この小三のほうの成績は一〇一点中六二点ですが、算術が一六点中三点で五分の一以下の点しかとれず、落第となっています。できれば飛び級させるつもりだったのでしょうが、失敗したというわけです。

小学校の場合には、「就学率を高めたい」という目標もあって、その後まもなく落第させることはほとんどしなくなりましたが、大学などではそうではありませんでした。東京帝国大学の物理学科などでは、長いあいだ高等学校卒業の希望者をほとんど全員入学させる反面では、「入学させた半分ほどの者を落第させて卒業させない」ということがつづいていました。「日本の大学は昔からはいるのがむずかしくて、出るのは楽だ」というのは、そうそう「昔からのことだ」とはいえないのです。小学校の「通知票」も、そういう及落がきびしかった試験の結果を本人（と両親）に知らせるものとしてはじまったのでしょう。

考査と試験

ところで、みなさんは、「考査《こうさ》」ということばを知っていますか。「考査って、テスト、試験のことでしょう?」と答えられるかもしれません。けれども、本来の意味はそうではないのです。じつは、「考査」というのは、もともと「試験」にかわるものとして登場してきたものなのです。それなら、どうして「試験」が「考査」にかわるようになったのでしょう。明治二四（一八九一）年、文部省は「小学校教則大綱」の「説明」という文書のなかで、試験についてつぎのように批判しています。

「試験は、前項の趣旨により、すでに教授したる事項につき、果して能く理会〔解〕せしか、もしくは応用しうるかを試みて、将来教育上の参考に資するをもって目的とすべきなり。しかるにややもすれば方法を誤まり、その時期のせまるに及びて一時に夥多《あまた》の事項を課するものあり。児童の心身を害する、まことに少小ならずというべし。元来試験をもってみだりに競争心を鼓舞するの具となすが如きは教育の法を誤まりたるものにして、殊に二個以上の小学校の児童を集合して比較試験等を行ない、ひとえに学業の優劣を競わしむる如きは、教育の目的を誤まるのおそれなしとせず。これ、第二一条の規程〔小学校において児童の学業を試験するは、もっぱら学業の進歩および習熟の度を検定して教授上の参考に供し、又は卒業を認定するをもって目的とすべし〕ある所以《ゆえん》なり。

試験の成績を評定するに点数を以ってし、一教科目の定点を一百もしくは幾十とするが如きは、細密の学業の優劣を評するに適するが如くなれども、ただに調査上繁雑なる手数を要するのみならず、これによりて生ずるの弊《へい》、一にしてたらざるが如し。

元来児童の学業を試験するは、前項に掲ぐるが如く、教授の効果いかんを鑑《かんが》み将来教授上の参考に供するをもって目的とするものなれば、その成績を評するにはなるべく適当なる語を用い、点数もしくは上中下等比較的の意味を有するものを用いざるを可とす。しかれども、点数をもって学業の成績を評するは従来の慣例なれば、いまこれを襲《しゅう》用《よう》するは妨《さまた》げなかるべしといえども、なるべく簡単なる点数をもちいんことを要す。

小学校において児童の卒業を認定するは、単に一回の試験によらずして、平素の行状、学業をも斟酌《しんしゃく》するを要す。……」

というのです。おそらく、明治三〇年代に通信簿が甲乙丙丁の評語で大ざっぱにつけられるようになったのはこのような考え方をもとにしていたのでしょう。この「説明」の文書にはさらに、「前陳《ぜんちん》〔先に述べた〕教授上に関する記録のほかに、各児童の心性・行為・言語・習慣・偏僻等を記載し、道徳訓練上の参考に供し、これに加うるに、学校と家庭と気脈を通ずるの方法を設け、相提携して児童教育の功を奏せんことを望む」として、「通知票」のごときものを作成することが奨励されてもいるのです。

ところで、じつはこの最後にある「平素の行状、学業をも斟酌《しんしゃく》する」のが「考査」の考えなのです。そして、文部省は、明治三三（一九〇〇）年に「小学校令施行《しこう》規則」という省令を設けて、全国の小学校教育をくわしく統制するようになったとき、そのなかに、

第二三条　小学校に於て各学年の課程の修了もしくは全教科の卒業を認むるには、別に試験を用うることなく、児童平素の成績を考査してこれを定むべし。

と規定しました。「考査」というのは、「試験」にかわるものとして、こうして教育史上に登場してきたのです。

「試験」から「考査」への転換、これは、たんなる教育技術上の転換進歩を意味するものではありませんでした。じつは、「試験」から「考査」への転換は文部省の小学校教育の目的についての考え方の転換を大きな背景としていたのです。

日本文化の先駆者福沢諭吉をはじめとする洋学者たちの理想をうけついだ明治初年の文部省は、日本の文化を欧米の近代文化の水準に近づけることに夢中でした。そこで、何よりも近代的な新しい知識を確実に教えることが必要だと考えられたのです。

そのころは、日本史に先行して世界史を、日本地理に先行して世界地理を教えることになっていました。「これまでの日本、いまある日本とはちがう世界がある」ということに子どもたちの目を見はらせて、日本の文化改革の原動力としようとしたのです。また、科学の教育でも分子だとか万有引力とかといった物質の新しい世界のことを教えることが優先していました。そういうすばらしい知識は、ほんとうに子どもの身についてはじめて日本文化をかえる力になります。そこで、その知識の定着をためすために、試験が重視されたというわけです。

もちろん、その時代の教育技術は拙劣《せつれつ》で、教師の学力も低く、ねらった意図はほとんど実現されることがありませんでした。そして、そうこうしているうちに、政府は軍国主義的国家主義の政策をとるようになり、文部省内のメンバーも交代して、小学校では、学力よりも、「善良なる臣民《しんみん》」の育成を重視するようになってきたのです。そしてそれが、「試験」にかわる「人物考査」の重視という考えにもつながっていったのです。

こうして、明治初年の試験成績の通知票にはなかった「修身《しゅうしん》」や「操行《そうこう》」の成績が、新しい通知票のなかでおおっぴらに大きな地位を占めるようになりました。そして、それまで試験さえできれば先生のごきげんなどうかがわなくてもすんだものが、先生のつける「えんま帳」を気にして、こそこそと動きまわらなければならなくなったのです。

試験から考査への転換、それは一方では試験勉強の弊害を除去しつつ、他方では平常点をつけるという「えんま帳」を生みだし、「修身」や「操行」の成績を生みだして、教師の子どもに対する日常的な管理体制を強化するのに役立ったのです。

学籍簿と通信簿

さて、こんどは「指導要録」の歴史をみることにしましょう。

「指導要録」の前身は「学籍簿《がくせきぼ》」です。「学籍簿」というと「戸籍簿」のことが思い浮かぶかもしれませんが、「学籍簿」というものは、もともと「学事に関する戸籍簿」としての性格をもったものとして生まれてきたのです。「すべての国民に教育をうけさせるには、そのための帳簿が必要だ」というのでできたわけです。

近ごろ、「指導要録」や「学籍簿」の歴史を書いた文章をみると、「学籍簿がはじめてできたのは、明治三三（一九〇〇）年のことだ」といった意味のことから書きはじめているのがふつうです。しかし、それはまちがいです。学事に関する戸籍簿―学籍簿はそれよりまえからあったからです。

たとえば、明治一四（一八八一）年四月に文部省が出した「学事表簿様式および取調心得」についての「達《たっし》」（明治一九年三月廃止）には、

「この学籍簿は各学校において必ず備うべきものにして、男女はその帳簿を区別してこれを記入すべし。その記入の順序、左の如し」

とあって、入学年月日、生徒姓名、年齢、従前の教育、父母あるいは後見人の姓名、住所および族籍・進級年月日・卒業退学年月日、退学の理由、就職、品行性質などについて記入するように指示されています。

しかし、この学籍簿では生徒の成績などについて記入するようになっていません。それぞれの生徒がいつ入学・進級・卒業したかがわかればそれでよいことになっていたのです。その点では、明治三二年六月に出された文部省令「中学校生徒入退学及表簿に関する規則」でも同じです。この省令では中学校に「生徒学籍簿」を備えることが義務づけられているのですが、この学籍簿でも生徒の学業成績を記録するようになってはいないのです。

学籍簿に生徒の成績を記入するようになったのは、明治三三年八月二一日に文部省が省令として出した「小学校令施行規則」が最初です。まえに試験を考査にきりかえたことで引用したのと同じ省令です。この省令で、小学校長は「児童の学籍簿を編製すべし」と定められて、その様式が示され、学年ごとに「学業成績」と出席日数、「身体の状況」などが記入されることになったのでした。

この学籍簿の様式はその後、ほんの少し変わっただけで、長いあいだほとんど同じままでしたが、三八年後の昭和一三（一九三八）年になって、学籍簿の記入法について「注意事項」が加えられるようになりました。その第一項は「学業成績中、教科目の成績は十点法により、操行は優良可の区別により記入すること」となっています。それまでは、学籍簿の学業成績のつけ方はまちまちだったのでしょう。

そのころの通信簿は甲乙丙の評語でおおざっぱにつけられるのがふつうでした。ですから、学籍簿の成績を十点法でつけるとなると、学籍簿と通信簿とでは成績のつけ方がかわってきます。そこでこのころ、通信簿のほうも十点法で記入する学校もあらわれましたが、私の学んだ小学校の通信簿は学籍簿とはべつに依然として甲乙丙で記入しつづけられていました。

しかし、学籍簿の学業成績を十点法で記入することとされていたのはわずか三年間だけでした。小学校が国民学校と改称された昭和一六（一九四一）年には、これがさらに優良可の評語に切りかえられることになったのです。当時、文部省の普通学務局長が「国民学校の学籍簿の取り扱い方」について発した文書には「記入上の注意」の一項としてつぎのように書いてあります。

四　各科目の成績は、平素の情況を通じ、その習得、考察、処理、応用、技能、鑑賞、実践および学習態度等の各方面よりこれを総合評定し、優、良、可の区別に依り記入すること。

優、良、可は左の区別によること。

イ　当該学年相応の程度に修め得たりと認めらるもの……………………良
ロ　良のものに比し、優れたりと認めらるもの………………………………優
ハ　良の域に達せずと認めらるもの……………………………………………可
ニ　優のうち著しく秀でたるものに対しては、秀《しゅう》の評語を与えうること……秀

ホ　良のうち優に近きものに対しては良上、可に近きものに対しては良下の評語を与えること

というのです。

このとき、文部省の初等教育課長は「通牒《つうちょう》」を発して、この新しい学籍簿の記入法は、成績を「数量的に表わさんとするは、教育の本質より見て妥当ならざるものと思料《しりょう》せられたるに依るもの」と解説しています。優、良、可は、どれをとってもそれ自体ではいい意味をもったことばです。文部省普通学務局編の『国民学校制度ニ関スル解説』（一九四二年）によると、意識的に「不可」というような否定的な評語は使用しないように配慮したということです。

また、このとき文部省は「国民学校の児童の通信簿の成績の記入法は学籍簿に準ずること。但し、評語によらず具体的所見を記載するも差支えなきこと」と指示しました。そこで、このときから国民学校（小学校）の通信簿が全国一斉に優良可で記入されるようになりました。そして、その二年後の昭和一八年一二月に文部省国民教育局長は「学籍簿編製に関してその公正を期するため」に「通牒」を発し、「成績評定の評語の割合を都、道、府、県に

おいて制定し居るものはこれを廃すること」を指示するとともに、各学校に「学籍簿委員会を設くること」としました。

これによると、都道府県によっては当時すでに優良可の評語の割合を一定させて相対評価させていたようです。それまでの学籍簿や通信簿では、甲乙丙でも優良可でも、その評点の人数の割合はきめられていなくて、クラス全員がよくできれば全員に甲や優をやったり、丙や可をつけなくてもよかったのです。

それなら、なぜ、優良可の割合を一律にきめるような都道府県がでてきたのでしょうか。そしてなぜ、ことさらに「学籍簿委員会」などというものを設けて、「学籍簿編製に関してその公正を期する」必要がでてきたのでしょうか。おそらく、それは、このころ、中学校の入学試験に「内申書」が重んぜられるようになったためでしょう。「内申書」には「学籍簿」の成績がそのまま写されるのですから、学籍簿の成績のつけ方を公正にすることが社会問題としていっきょに浮かび上がってくるわけです。

入学試験と内申書

入学試験で初めて内申書が重んじられるようになったのは、昭和二（一九二七）年のことです。

日本で中学校・高等学校などへの進学熱が全国民的な規模で高まってきたのは、大正期も第一次世界大戦（一九一四〜一八年）以後のことだといってよいでしょう。このころから全国的に中学校や高等学校がつぎつぎと新増設されるようになりましたが、進学熱にまにあわず、上級学校への受験競争は時をおってはげしくなり、大きな社会問題化してきました。

明治時代にも上級学校へ進学するには入学試験がありましたが、その多くは資格試験的な性格をもつもので、ある程度の学力を身につけていればみな合格させました。だから、受験勉強をするといっても、その上級学校の要求する学力水準にまで自分を高めることにあったので、その受験勉強はけっして無意味なものとは映じなかったでしょう。これはいまでいえば自動車運転免許状をとるための受験勉強のようなものです。

しかし、上級学校の収容人員に比して入学希望者の数がふえてくると、そのある一定の学力水準に達したものすべてを合格させることができなくなってきました。そこで入学試験は

「成績順に入学者をきめる競争試験」の性格をもつようになってきたのです。そうなると、受験生はどれだけ勉強すれば目ざす学校に入学できるか、はっきりした目標をもてなくなってきます。それに、上級学校ではたくさんの受験生のなかから少数の合格者をらくに選びだすために、技巧をこらすようになります。同じ程度の学力をもっていても、より枝葉末節のことまで知っているものだけができるようなくだらない問題を好んで出題するようになるのです。

これでは受験勉強が本来の学力を身につける勉強とはあまり関係のない灰色の勉強になってしまうことは無理からぬことです。そこで、意味のない受験競争に対する批判が大きな社会問題となり、学校新増設運動となって広がりました。

そこで、文部省は世論の批判に対して、何らかの対策をたてざるをえなくなり、昭和二年になって内申書中心の中学校入学者選抜の考えをうちだしたのです。つまり、「従来のごとき試験は、これを行わざることをもって本体とし」、選抜方法は「主として出身小学校における成績により、さらに人物考査ならびに身体検査を用いて入学者を決定すべき」方針をたてたのです。

ところが、この新方針は完全に失敗におわりました。この選抜法は昭和三～四年の二か年間実施されたのですが、そのあいだも中学校の受験競争はますますはげしくなるばかりで、口頭試問への準備教育と小学校内での内申書競争を激化させるに役立ったばかりなのです。父兄と学校当局のあいだで「内申書」（報告書）に対する情実介入が行なわれるようにもなりました。そして、昭和四年には、大阪で「報告書（内申書）を偽造する事件」が表面化して、この新方針は完全に信用を失うようになってしまったのです。

ところが、それから一〇年後の昭和一四年九月、文部省はこの問題をふたたびとりあげ、中等学校入学者選抜方法を改定して、学科試験を撤廃することにしました。

私は、昭和一八年にこの新しい文部省の方針のもとで東京の市立二中（いまの都立上野高校の前身）を受験したのですが、それでも何やら受験勉強をやらされたことをおぼえていま す。先生から分厚な問題集を渡され、「これを全部おぼえるように」といわれたのです。そして、学校では受験用に面接テストの練習を何度もやらされました。

本番の入学試験ではペーパーテストというものはまったくありませんでした。しかし、そのかわり、面接試問による学科試験が行なわれました。「君のいま着ている洋服は何でできているか」「わかりません」「それは羊毛だね。それはどこでとれるのかね」「わかりません」、「それはオーストラリアだよ」といったぐあいです。私はあまりにできが悪かったせいか、一部屋どまりで落第ときまったようですが、ふつうの受験生は国語の部屋、地理の部屋……といくつもの部屋で口頭による学科試験をうけたようです。また、懸垂《けんすい》、とび箱、平均台などで体操のテストもくわしくやらされました。中学校側では内申書だけで合否をきめるのに懐疑的だったにちがいありません。

私はそういう入学試験で市立の中学を落第し、泣きなき私立の中学校を受験しなおしたのですが、そこでは、ペーパーテストによる学科試験と体操の実技がありました。

この私立中学校での友人の一人は、「僕は小学校ではクラスで一番だったけれど、先生の機嫌をそこねたので、ついに内申書を書いてくれなくて、この中学校に来たんだ」といっていました。内申書重視の入学者選抜の制度では、内申書を出す側の教師が、これほどではなくとも、つねに教育外の権力をふるうおそろしさがついてまわることは否定できないでしょう。

学籍簿から指導要録へ

第二次大戦後まもなくして、それまでの「学籍簿」は「指導要録」とよびかえられるようになりました。それは、以前から事実上学籍簿が「学事に関する戸籍簿」といったものから「生徒を指導するための資料（要録）」としての性格をもつものになっていたことによります。

たんなる「学事に関する戸籍簿」なら、初期の学籍簿がそうであったように、子どもの成績など記録する必要がないはずです。学業成績までついている戸籍などというものは、華族、士族、平民、新平民などということがついている戸籍と同じように、人間差別の考えに通ずるものといわなければならないでしょう。

「学業に関する戸籍」なら、「この人はこの学校にいつからいつまで在学して卒業した」といった記録だけで十分なはずなのです。一度、学籍簿に悪い成績をつけられたら、いつまでもその成績が戸籍といっしょについてまわるなどというのは、前科の記録がのこるのと同じことです。犯罪の記録だって、執行猶予になれば、一〜二年のうちに消えてしまうのに、おかしなことです。学籍簿に学業成績など評価の記録がいつまでものこっているのは、国家による国民管理の考えに通ずるものといわなければなりません。

しかし、「子どもを指導するうえでその子どものかつての学業成績を知っておく必要がある」というなら話が少しかわってきます。医者が既往症をきいて、患者の病状を判断する助けとするように、教師も子どものかつての成績をみて、現在の子どもの状況をより適切に判断できるということだってあるわけです。

文部省が戦後の教育民主化運動の嵐のなかで、「学籍簿」を「指導要録」と改称したのも、こういう考え方の転換に根ざしたものでした。そこで、文部省が敗戦後はじめて「〈学籍簿〉の名称については研究中」と断わったうえで、昭和二三年一一月に都道府県教育委員会などへ送付した「小学校の学籍簿の趣旨とその扱いについて」という文書には、「新しい学籍簿」の性格を、「個々の児童について、全体的に継続的に、その発達の経過を記録し、その指導上必要な原簿となるものである」と説明してあります。この「学籍簿」の名称は、その翌二四年になって、「指導要録」と改められたのです。

ところがです。戦後の民主教育の高揚期がおわると、せっかく「指導要録」と改称したばかりのその「指導要録」がふたたび「学籍簿」としての性格をもたされることになりました。昭和三〇年（一九五五）年の九月、文部省は「指導要録」改定の「通達」を出して、指導要録を「児童生徒の学籍ならびに指導の過程および結果の要約を記録し、指導および外部に対する証明等のために役立つ簡明な原簿とした」と性格づけたのです。「外部に対する証明」に役立てるとなれば、これは「学籍簿」です。その「学籍簿」に生徒を指導するためのくわしい成績の記録がのこることになってしまったのです。今日の「指導要録」の問題はここに発しているのです。

しかも、この新しい「学籍簿」＝「指導要録」はさらに重大な問題をよびおこさずにはいないような内容が含まれていました。子どもの成績をクラスの子どもたちのあいだで比較しランクづけて評価するという相対評価の問題です。これについては、機会を改めて、くわしく書くことにしたいと思います。（「評価と学習意欲をめぐって」の章を参照してください）

入学試験、今と昔

初出一九七四年

1　入学試験は諸悪の根源か

「入学試験は日本の教育にとってガンのようなものだ」とよくいわれます。そして、理想主義的な教育論議をたたかわせるたびに、その議論はきまってというほど、「入学試験さえなければ」といういためいきでおわるのがふつうになっています。入学試験は、ほとんどすべての人びとから〈日本の教育の諸悪の根源〉とみなされているかにみえます。

右も左も、ほとんどすべての人びとが〈入学試験をなんとかしなくてはならない〉と思っている。いや、いま思っているだけでなく、これまでずっと思いつづけてきた。それなのに、いつまでたっても事情はますます悪化していくばかり。――これはいったいどうしたことでしょうか。保守派とか革新派とかいわれる片方の人びとだけが主張していることなら、反対派もあることですから、その主張がすぐに実現できないとしても仕方がないことです。しかし、ほとんどすべての人びとが「入試こそ諸悪の根源だ」といいながら、その悪をなくせない、というのはまったく奇妙なことというよりほかありません。

「ほとんどすべての人びとが賛成するはずのことなのに、いつまでたっても実現できない」というようなことに出会ったとき、私たちは「そのものごとを一八〇度ひっくり返して、根本から考えなおしてみることが必要なのではないか」と私はつねづね思っています。

たとえば、江戸時代の後半には慢性的に経済が悪化して、武士も農民も生活に苦しみました。そこで、ほとんどの人びとは「一部の町人が暴利をむさぼるからいけないのだ」と考えました。幕府や諸藩の学者や政治家たちもそう考えました。ところが、そのような考えをもとにした改革はみな失敗におわりました。封建制度を守ろうとして、いくら町人の活動を制限しようとしても、幕府も武士も町人の活動を必要としていたので、思いつき以上に町人の活動を抑圧することなんかできっこなかったのです。江戸時代の経済のいきづまりは、それこそ「町人の活動をおさえることによって」ではなく、「明治維新によって士農工商の封建制度そのものをくつがえして、町人の活動を自由にすることによって」はじめて打開されるようになったのです。

私は、江戸時代の学者たちの経済政策をみるたびに、人間というものの頭のかたさというものをみせつけられる思いがしたものです。それと同じような事情が入学試験問題についても、ないかどうか考えなおしてもよいのではないか、と私は思うのです。

そういえば、私には、「入学試験があるから、いい教育＝自分の理想と思う教育ができない」などといういい方は、「一部の商人が暴利をむさぼるから、幕府の政治がうまくいかないのだ」といういい方とどこか似ているところがあるようにも思われてきます。それは、そういう幕府自身、御用商人がいなくなっては困る事情にあったように、そういう指導者や教師自身、入学試験がなくなると困るような事情にあることが少なくないからです。

入試がなくなったら困る！

たとえば、上級学校の入学試験科目のなかから自分の教えている教科がはずされることに対して、多くの教師は警戒的な姿勢をとります。自分の教えている教科が入学試験の科目にはいっていれば、「よく勉強しないと、入試に落ちるぞ」というおどしの材料ができ、それで生徒たちを勉強に追いこめます。しかし、入試がなくなればそういう手段がとれなくなる、というわけです。

そこで、自分の教えている教科が入学試験科目からはずされることを望んでいる教師は、いまのところ、「教育内容に自信のある少数の教師だけだ」ということができるでしょう。

「不幸にして」自分の教えている教科が入試科目からはずされた教師は、「せめて内申書の成績を重んずるように」との要求を出したりします。生徒がいうことをきかないと、「内申書にひびくぞ」などといって、いうことをきかせるというわけです。

こう考えてくると、入学試験（およびそれにつらなる内申書）は、多くの教師やその指導者たちにとって、「諸悪の根源」どころか、まさに「生活のもとで」となっているということになります。教師や、その上に立つ教育界の指導者たちが入試を諸悪の根源というとき、「それはたいてい〈自分たちの教育活動の欠陥を責任転嫁しているにすぎない〉といってもよいのではないか」と私はつねづね思っています。ところが、幸か不幸か、たいていの人はそのことに気づきもせず、本気で入学試験の悪口をいっているのが現状だと思います。

おなじことは、世の多くの親たちにもいえるようです。多くの教育パパ、教育ママたちは、入学試験があるからこそ、子どもたちを勉強にかりたてることができているのです。「入学試験勉強は昔の兵役《へいえき》みたいなもので、こういうきびしさがないと若者は堕落してしまう」などとまじめに考えている人も少なくありません。そこで、自分の子どもをわざときびしい受験状況のもとにおいて勉強させようとする親も少なくないのです。

こんなわけですから、私は「入学試験こそ日本の教育の諸悪の根源」という多くの人びとの議論に、にわかには賛成できません。私の考えによれば、「入学試験がとくに悪い」というのではなく、〈日本の教育が全体としてゆがんでいて、そのゆがみを入学試験が支えている〉といったほうがよいと思うのです。入学試験がなくなったら、いまの学校や家庭の教育はくずれ去ってしまうでしょう。そこで、多くの人びとは入学試験の根本的改革に手を出せなくなってしまうのです。

それなら、いったい入学試験というものを、これからどのように考えなおし、改革していったらよいのでしょうか。そのことを考えるには、いまの日本の入学試験というものがどのようにして生まれ育ったものか、ということをしらべておくことが役に立つでしょう。そして、これまで、どのようなニセの改革案が提出されてはひっこんでいったか、その歴史をしらべておけば、今後、ニセの改革案にごまかされることもなくなるにちがいないと思います。

そんなわけで、以前から、私は入学試験というものについての考え方、実情の歴史に関心をもっていたのですが、まえから不思議に思い、かつあきれていたことがありました。日本の教育学者は口をそろえて、「入学試験こそ諸悪の根源だ」などというくせに、その諸悪の根源だという「入学試験について総合的に研究している教育学者など、ほとんどいない」というありさまだからです。教育学者もまた、入学試験をほんとうに諸悪の根源とは考えていなかったにちがいありません。そういえば、大学の教育学部の付属学校ほど、入学試験の激化を利用して自分の学校を名門校化しているところはありません。「入学試験にうまくのって教育する」というのが、いまの教育学者の学問的信条であるのでしょうか。公害をまきちらす技術指導をして平気なのは、理科系の学者先生がただけではないのです。

2　資格試験から出発した入学試験

さて、日本で入学試験というものは、いつからはじまったのでしょうか。

いまでは、義務教育学校をのぞいて、学校というところにはいるには、かならずといっていいほど入学試験がつきものだと考えられています。もっとも、いまでも自動車学校（自動車教習所）や料理学校、洋裁学校などでは入学試験がない学校もたくさんあるようですが、

「この学校は入学試験なしでもはいれる」などというと、なんとなく「いいかげんな学校」のように思われるから不思議です。入学試験は〈諸悪の根源〉どころか、〈学校の必要条件〉とさえ思われているのです。ですから、たいていの人は、ちゃんとした学校ができたら、そのはじめから入学試験があったにちがいないと考えたりします。

入学試験のなかった東大の前身――大学南校

日本での近代的な学校教育は明治になってからはじまりました。そのうち、もっともはやく近代的な学校の内容をととのえたのは、東京大学の前身の大学南校《なんこう》だといってよいでしょう。この大学南校は明治三年に規則を改正して再出発したのですが、その規則には入学試験のことはでていません。一六歳以上の入学希望者はきめられた形式の願書を提出しさえすれば、それで入学を認められるようになっていたからです。〈入学希望者が定員をこえたら募集を停止する〉というだけですから、いまの各種学校なみといってもよいでしょう。明治三年七月には政府によって「貢進生《こうしんせい》」という制度が設けられましたが、これは一種の推薦《すいせん》入学制度です。当時、まだのこっていた各藩が優秀な学生を一～三人ずつ（奨学金つきで）「貢（みつぎ）ものとして新政府に進呈した学生」というわけです。南校はこの貢進生やそのほかの入学希望者をぜんぶ入学させています。

もっとも、この大学南校にしても、入学試験の考えがまったくなかったわけではありません。ほかのところ、たとえば、慶応義塾などですでに学んだことのあるものについては、「入学の節、試業を為」すことになっていたのです。しかし、それは「その学生を第何級に編入したらよいかをしらべるため」で、落第させるためではありませんでした。もともと東京大学は優秀な学生を入学させたから一流校になったわけではなかったのです。その教育内容の高さによって一流校になったのです。

「入学試験をやらなかったから」といって、このころの学校はけっしていいかげんな学校ではありませんでした。いまの日本の大学は「はいるのはたいへんだが、一度入学してしまえば、出る（卒業する）のはかんたんだ」ということで有名ですが、明治初期の学校はそうではありませんでした。毎学期ごとに厳格な試験があって、どしどし落第させたのです。いまの大学や高校とはまるで反対です。「二回つづけて落第すると退学」という規則もできていました。

落《お》とすためでなく入《い》れるための入試

もっとも、まもなく多くの学校では入学試験をするようになりました。たとえば、東京大学工学部の前身の工学寮工学校の規則（明治七年制定）では、入学試験の学科が「英書口読（英文和訳・和文英訳）・英文書取・算術・幾何学初歩・代数初歩・地理学・究理学（物理学のこと）初歩」ときめられていました。しかし、「入学試験をするようになった」とはいっても、それは、いまの入学試験とはよほど性格がちがっています。いまでは入学試験というと、「落とすためにやるもの」と思われていますが、そのころの入学試験は「入れてやるためにやるもの」と考えられていたからです。

工学校の場合、外人教師が英語で教えることになっていましたから、「英語がまるでできない」というのでは、入学させても、なんにもなりません。そこで、入学しても最低限ついていける人をいれるために、入学試験をやったのです。ですから、こういう学校へはいるための受験勉強は、他人をけおとすための勉強ということにはなりませんでした。明治のはじめから各種の予備校が発達しましたが、そういう予備校は、「目的の学校に入学してもついていけるような学力を身につける学校」という意味の「予備」の学校だったのです。

もともと、明治初期から中期にかけての学校は、いま超一流といわれているような学校でも、学校の授業についてこれるような学生を確保するのがたいへんでした。外国から二〇歳そこそこの有能な先生をたくさん呼んで、欧米の大学や専門学校にまけないような水準の教育をしてもらうためには、学校の教育水準を落とすことができなかったので、それにふさわしい入学生を確保するのがたいへんだったのです。そこで、入学試験といっても、落とすためのものではなく、入れるためのものであったわけです。

いまの東京大学は、明治八年になって、大学としての体裁をととのえるようになりました。そのころは東京開成学校、東京医学校といっていて、明治一〇年にいまと同じ東京大学という名で呼ばれるようになったのですが、当時、この大学に学生定員といったものがあったかどうかはっきりしません。「大学はもっとたくさんの学生をいれたいと思うのだが、入学できるだけの学力をもったものがいないので、学生数がいつも少ない」というのがいつも首脳部のなやみのたねでした。この大学は明治一九年に帝国大学と名を変えましたが、そのころでも事情はまったく変わりませんでした。たとえば、明治二〇年の帝国大学の卒業生は、理学部（当時は理科大学とよんだ。以下同じ）四人、文学部三人というありさまです。そのころの大学の総長は、卒業式の演説で、いつも卒業生数・入学生数が少ないことに言及し、いつもなやんでいたのです。

予科の予科まであった高等中学校

そのころの帝国大学は高等中学校を卒業したものがはいることになっていました。明治一九年に、国立の高等中学校（のち高等学校と改称）が全国に五校設けられたのですが、この高等中学校も授業についてこられる学生を確保するのに苦労していました。なにしろ、東京大学では、明治三〇年ごろまで、日本人教授も英語で授業していたのです。高等学校の教科書は、明治末年まで、ほとんどぜんぶ英語で書かれていました。ですから、英語でものを考える力がないと高等学校に入学しても落後せざるを得なかったのです。いまでも大学入試などで英語の試験がとくに重視されたりしているのは、そのころの名残りで、いまでは無意味なことだといわなければなりません。

さて、この高等中学校という学校は、二年制で、五年制の尋常中学校を卒業した学生が入学することになっていたのですが、尋常中学卒業程度の学力のないもののために三年制の予科を設けたり、そのまた下に一〜二年制の予科補充科を設けたりして、入学者の学力向上をはかるというありさまでした。たとえば、第三高等中学校では、明治二一年の入学希望者三八五人を試験して、それぞれの学力に応じて予科一級に四人、二級に三人、三級に三二人、補充科に八〇人、入学させています。また、第五高等中学校では、同じ明治二一年に四回も入学試験をして、予科三級に二六人、補充科一級に二二〇人、補充科二級に七七人いれるという状態でした。

3　入学試験が競争試験となる

日本で「入学試験」ということばが法令のうえにはっきり定められたのは、明治二七（一八九四）年九月の文部省令「尋常中学校入学規程」が最初だといいます。このころの尋常中学校（のちの中学校）は、高等小学校二年修了程度（当時の尋常小学校は四年制だから小学校六年修了程度）で入学することになっていたのですが、高等小学校二年修了者は優先的に入学できるものとされ、そのほかのものには、「高等小学校二年修了者と同程度の学力をもっているかどうか」の資格試験をすることになっていました。そして、志願者の数が入学定員を超過するときに限って、競争試験によって入学者を選抜することに定められたのです。このとき、入試科目としては「読書、作文、習字、算術」（高等小学校二年修了者以外には、日本歴史、日本地理」を加える）があげられています。

しかし、第一次大戦のころまでは、中学校程度の学校の入学試験が社会問題となるようなことはありませんでした。このころは、よほど経済的に豊かでないと中学校へも進学できなかったこともあります。小学校で抜群の成績を示すような子どもがいると、教師や地元の実力者がその父母を説得し、学資援助などもこうじて、やっと中学校に進学させたような時代です。明治のころは、尋常小学校（四年）・高等小学校（二年）→尋常中学校（五年）→高等（中）学校（二年、のち三年）→帝国大学（三年）というコースが「最高学府」へのいちばんの近道でしたが、この進学コースのうち入学試験がはじめて社会問題化したのは、中学校から高等学校への入学試験でした。そのころの高等学校の卒業者は、かならず自分の志望する帝国大学の学部に進学できたので、高等学校から大学への進学には入試が問題になりませんでした。だからこそ、当時の高校生は気のむくままにたくさんの文学書や哲学書を読むことができたのです。

入試に落ちたら、翌年は無試験入学

帝国大学の各学部には、はじめ学生定員といったものはなかったのでしょう。各学部ごとの学生数・卒業生数もたえず大きく変動していました。学科ごとの人員は学生の希望しだいだったのです。（東京）帝国大学が入学試験についてはじめて制度をきめたのは明治二九年九月のことでした。このときはじめて、「入学志願者の数が各学科の設備上予定の人員に超過するときに限って」、「その学科志望生に限り」競争試験をして入学者をきめることになったのです。しかし、その規程ができて以後も、入学試験をする学科はごくまれでしかなかったようです。それでもなお、〈競争試験をするのは、設備上の制約からやむをえない措置だ〉という考えが強くあったのでしょう。帝国大学では、明治三一年九月の入学者の規程に、つぎのようなただし書きを加えました。

「ただし、競争試験の結果入学することを得ざりし者、次の入学期において当初志望の学科に入学を請うときは、該《がい》（その）入学期の入学志望者にさきだち試験をもちいず入学を許可す。もっとも、その人員のみにて予定の人員を超過するときは、競争試験〔の〕評点の高きものより順次入学せしめ、残余の人員は逐次のちの入学期において同一の手続きにより入学を許可す」

というのです。つまり、〈競争試験に一度おちたら、つぎの年には優先的に入学できる〉というのです。いまの入学試験の考え方となんとちがっていることでしょう。九年後の明治四〇年一二月には、この規程にさらにもう一つのただし書き——「ただし、場合により各分科大学において細則を定め、本項の規程によらざることを得」がつけられるようになりましたが、競争試験による入学者選抜ということは、本来すべきものではないという考え方は長くのこっていたのです。

帝国大学が高等学校のすべての卒業生をこのように差別なく扱おうとしたのは、〈高等学校は大学の予科だ〉という一体感があり、〈高等学校の入学者・卒業者はみな十分な学力がある〉という信頼感があったことによっているといってもよいでしょう。そのころの大学は高等学校の卒業者を優先的に扱って、高等師範学校とか専門学校など、いわゆる傍系《ぼうけい》の学校の卒業生は、定員に余裕のあるときにかぎり試験をして入学させることにしていたのです。そこで、高等学校の卒業生にとって、そのころの帝国大学は、はいるのはやさしいところでしたが、それでも出るのはなかなかむずかしい学科があったようです。明治三〇年ごろ、東京帝国大学の物理学科では、入学志望者をほとんど全員入学させていますが、入学者の半数ぐらいしか卒業できなかったというのが実情だったのです。

最初に問題になった（旧制）高校入試

さて、それでは尋常中学校から高等（中）学校への入学試験はどうだったのでしょうか。全国の尋常中学校の卒業生数は明治二四年でもわずか七一三人というありさまでしたから、尋常中学校卒業の入学希望者全員を高等中学校へ無試験で入れることはできないことではありませんでした。じっさい、明治二四年の全国高等中学校長会議には文部省から正式に無試験入学制が提案されたということですが、これは実現しませんでした。尋常中学校卒業と高等中学校入学のあいだには、学力の面でくいちがいが生じていたのです。とくに英語（外国語）教育の面で問題があったようです。

そこで、たくさんの卒業生を高等中学校に進学させようとする尋常中学校では、英語の教育に力をいれ、明治の末ごろまでは英語以外の教科書も英語のものを使うことが少なくなかったようです。日本の教育制度は〈英語の学力が最重要な大学・高等中学校〉と、〈尋常中学校以下の普通教育機関〉とがはじめから二分されるような形で成長してきていたのです。

日清戦争（明治二七〜二八年）のころまで、尋常中学校の数は全国的にもごくわずかなものでしたが、このころから中学校がさかんに新増設されるようになりました。そして、その卒業生がたくさんでるようになると、上級学校への進学難が社会問題化するようになってきました。もっとも、このころは私立の専門学校（当時はまだ私立の大学は認められず、みな専門学校なみに扱われていた）にはいるなら、尋常中学校卒業の資格があれば、慶応義塾を除くほとんどの学校が無試験入学だったそうです。しかし、官立（国立）の高等学校や専門学校では競争入学試験がだんだんきびしくなり、受験浪人がふえるようになってきたのです（高校入学者中の現役入学率は明治三七年に六一パーセントでした。それが年々低下して、明治四一年には三九パーセントにまで低下しています。それだけ浪人がふえているのです）。

このころ、入学試験の内容は資格試験でなく、競争試験があたりまえだという考え方が一般的になりはじめたのでしょう。明治三一年の高校長会議では、推せん入学制を廃止して競争試験一本でいくことを決議しています。従来なら、尋常中学校卒業の進学希望者の増大にあわせて上級学校を新増設すべきところを、入学試験を資格試験から競争試験にきりかえて、それで公平をよそおうことになってしまったのです。

私は、このころの教育関係者が入学試験というものについて、どのような考え方をもつようになっていたかくわしくしらべてみたいと思っているのですが、いまのところよくわかりません。しかし、「競争試験がはげしくなればなるほど、学生がよりよく勉強するようになるからよい」などと考えてよろこんだ人も少なくなかったのではないでしょうか。入学式のとき、校長などが競争率のきびしい入学試験を平気でほめたたえることができるようになったのは、このころからのことでしょう。

ところで、進学難の問題はほかの国家的な側面からも重要視されるようになってきました。進学難のために大学卒業生の年齢がどんどんあがり、大学卒業生の平均年齢が二六～二七歳にもなってしまったのです。そのため、「もっとも創造的な仕事を期待しうる年齢に社会にでて仕事ができない」ということも、憂《うれ》えられるようになってきたのです。

そこで、明治四三年には、「尋常中学校からの内申書による高校無試験入学制度」が生まれたり、大正八年には、それまで中学五年卒だった高校進学資格を中学四年終了に短縮するなどの改革が行なわれました。そして、一方では、専門学校や高等学校、帝国大学、私立大学などの新増設がはかられましたが、高等学校入試についていえば、競争試験制度が資格試験制度にもどることはありませんでした。そして、高校進学率のより高い中学校受験が有利とされて、第一次大戦後、中学校の受験でも受験地獄ということが問題にされはじめるようになったのです。

4 資格試験と競争試験

資格試験と競争試験とはどこがちがうか、ここで整理しておきましょう。資格試験では、たてまえとしては入学定員ということを前提とせずに、「ある一定水準以上の学力——その学校での勉学についていける程度の学力があるものを全員入学させる」という考え方をとります。設備などの関係上、定員をしぼらなければならないということがあったら、「有資格者のなかから先着順やくじ引きなどで入学者をきめ、選にもれた者はつぎの機会に優先入学させる」ということになります（自動車の免許試験はこの資格試験のよい例といえるでしょう）。

これに対して、競争試験の考え方だと、入学定員というものがいちばんたいせつになります。そして、この場合には、たとえ入学後、授業についていけそうにないものでも、入学希望者数が定員にみたなかったり、競争試験の席次が定員数以内にはいっていたりすれば、入学させることになります。

いまの高校入試についての人びとの混乱のなかには、「入試といえば競争試験にきまっている」とする考え方からおこっているものも少なくないと思うのですが、どうでしょう。「分数の計算や九九《くく》までもよくできない子どもが高校にはいってくる」といった問題は、高校入学資格試験を実施することによってかんたんに解決できるのです。

しかし、そういったからといって、私は「できの悪い子どもは高校その他の学校で学ぶ権利はない」などといっているのではありません。むしろ私の考えはその逆です。現行の『教育基本法』では、「すべて国民は、ひとしく、その能力に応ずる教育を受ける機会をあたえられなければならない」とされていますが、能力がないものは、かえってそれだけ多くその能力にふさわしい教育をうける機会があたえられなければならないはずです。『教育基本法』

は、とくに能力のある人びとに対してだけ、「国及び地方公共団体は、能力があるにもかかわらず、経済的理由によって修学困難な者に対して奨学の方法を講じなければならない」と規定していますが、これはいささか古い国家・社会中心の考え方といわなければならないでしょう。能力がないためにそれだけ多く学ばなければならないと考えられる人びとには、能力のある人以上に経済的その他の理由による差別をしてはならないのではないでしょうか。

教育というものが主として社会の富をふやすためのものであるならば、とくに能力のある人びとのことが問題になってしかるべきでしょう。しかし、教育というものが個々の人間のためのものであるとすれば、事情はまったく変わってくるはずです。明治以来、今日までの日本の教育はまさに国家・社会のために優秀な人びとを尊重するというたてまえのもとに入学試験というものを考えてきたのです。このへんの考え方がかわれば、入試についての考え方もガラリとかえなければならなくなるということは、とくに指摘しておく必要があると思うのです。そして、教育が国家・社会のためで、個人のためではないと考えられて、実施されているかぎり、教育をうける権利と同じく、教育をうけない権利も保障する必要があると私は考えるのです。

5　入学試験の「改良」のためのさまざまな試み

さて、入学試験が一つの社会問題としてとりあげられるようになってから、入学試験のやり方にはいろいろと工夫がこらされてきました。おもな試みを時代順に紹介すると、つぎのようになります。

高等学校の総合選抜制――一九〇三〜〇七、一九一七〜一八年実施

明治三五年、文部省が「高等学校・大学予科入学試験規程」というものを設けて、「高等学校の総合選抜制」を実施したことがあります。国立の高等学校のうち第一高等学校など特定の高等学校に志願者が集中するのをふせぐために、受験者に学校と理科・文科などの部の志望順位をかかせて、全国統一問題で試験することにしたのです。しかし、この方法は有力者の子弟などがたまたま「一流校なら落ちるが、二流校なら十分うかるはずだった」というような学力の持ち主だというような考え方をもとにして、思いつき的に実施されたとみるべき

でしょう。

こういう制度は、それまではじめから二流校を志望していた受験生まではげしい競争試験にかりたてることにしかならず、逆効果ともなりかねないのです。この制度は明治四一年に廃止され、大正六年に復活しましたが、またわずか二年で姿をけしました。

中学校の入学筆記試験の廃止と内申書制度――一九二八～二九年、一九四〇～四三年実施

第一次大戦後に、中学校への進学熱が急激にさかんになりました。大正五（一九一六）年ごろまで中学校の進学希望者は全国で六～七万人だったのが、大正一一（一九二二）年には一五万人をこえるようになったのです。そこで、それまでとくに問題とされることもなかった中学校受験の問題が社会問題化しました。このため文部省も新しい対策を提出しなければならなくなって、委員会を設け、昭和二（一九二七）年一一月に、それまでの「中学校令施行規則」を改めました。

この改正は、中学校受験では「学科試験が悪の根源だ」という考えに立ち、学科試験を全面的に廃止することにしたのです。「中等学校の教育から試験という考えを徹底的になくそ

う」というので、法令のなかから「試験」ということばをぜんぶ抹殺《まっさつ》することもしました。

このとき、学科試験にかわって新しく登場したのが、内申書制度です。小学校長が「生徒の小学校五～六年における学業成績や、進学志望の適否などについて詳細に調査して、中等学校長に提出することになった報告書」が、いわゆる内申書です。中等学校側では、この内申書でまず書類選考し、それから二次試験として、口頭試問などによる人物考査（常識・素行・性行などの考査）と身体検査とで、優秀なものから入学させるというのです。

この制度では、学科試験にかわって内申書と口頭試問がもちいられることになっただけで、競争試験の制度そのものには何らふれられていません。目さきはかわったものの、これでは受験競争そのものがなくなるはずはありません。いや、入学試験競争が日常化し、教師の子どもたちに対する支配権が増大し、かえって大きな問題をひきおこすのです。じっさい、まもなく「内申書偽造の汚職事件」などがおきて、この入試制度はすぐに信用を失い、すたれてしまいました。そして、中学校側では、二年後には、もう実質的に筆記試験を復活するようになってしまいました。その後、昭和一五（一九四〇）年に文部省はふたたび中等学校の入学筆記試験の廃止を通達しましたが、これもそのまま実施されることはなかったようです。

学区制の実施――一九四二年～

明治五年に日本全国にはじめて近代学校制度が設けられたとき、政府は全国を六つの大学区に分け、それをさらに中学区、小学区にわけました。それで、学校の名称も「第一大学区第三中学区第七番小学」などとよんだことがありました。この考えは明治半ばごろまで生きていました。たとえば、明治二四年の第一高等中学校の推せん入学制度の規定にも「第一高等中学校設置区域内における尋常中学校の卒業生にして……」と学区制の考え方がもりこまれていました。

しかし、今日の高校入試で実施されているような学区制がはじめて実施されるようになったのは、昭和一七年以後のことです。文部省がその前年一一月「入学考査に関する学区制及び総合考査制の実施を考慮すること」を通達したのがもとで、学区制がはじまったのです。昭和一七年には二三府県が学区制またはそれに準ずる制度を実施したということです。また、京都府は、昭和一八年に同一学区内の中学受験生に統一試験をおこない、各中学校に合格者をふりわける「総合考査法」（選抜法）をはじめて実施しました。

昭和期の入試改革案で今日も積極的効果を生んでいるのは、この学区制だけだといってもよいでしょう。もっとも、学区制といっても、いまでは全県一学区制というような大学区制をとる県もあって、十分に効果をあげているとはいえません。そのなかで、京都府だけが一校一学区の小学区制をしいていることは注目するに値するでしょう。もっとも、この方法を採用すると有力者の子どもなどが名門の私立中学や高校への受験にはしるのが目につくようになります（受験高校として有名な灘高校などがさかえるわけです）。けれども、このような制度によって大多数の子どもが受験におびやかされないですむようになっているということは、とくに注意する必要があるでしょう。入学試験の問題というと、とかく有力者の子どもや成績のよい一部の子どものことばかりが考えられすぎる傾向が強いので、このことはとくに指摘しておきたいと思います。

進学適性検査——一九四七〜五四年実施

昭和二二年の（旧制）高等学校の入学試験のときから、ふつうの学科試験のほかに進学適性検査というものが加えられるようになりました。子どもに与える知能検査やパズルのような問題をやらせて、進学適性を検査しようというのです。昭和二四年の（新制）国立大学の第一回入学試験のときからは、各大学の学科試験にさきだって全国いっせいにこの進学適性検査試験を実施し、その結果をも加味して受験希望校をえらぶことも行なわれました。しかし、この検査は「受験勉強の必要がない」というたてまえであったのですが、じっさいには練習の効果がいちじるしくて、受験生は学科試験よりもさらにくだらない受験勉強をしなければならないようになってしまいました。そこで、昭和三〇年からは、全国いっせいの進学適性検査は廃止されました。

なお、昭和三八年には、この進学適性検査の復活を意図して財団法人能力開発研究所が設立されました。そして、その年から、学力テスト・進学適性能力テスト（いわゆる「能研テスト」）を実施しましたが、これも多くの反対にあってまもなく中止されるようになりました。入学試験競争を緩和するために「生まれつき」の進学適性を検査して人の運命をきめるというのは、後ろ向きの考えとしかいえないでしょう。

高校入試科目の縮少と内申書制度

これは現在進行しつつあるものです。入学試験の科目をふやしたりへらしたり、内申書を重視したりしなかったり、学区を大きくしたり小さくしたり、学校群というものを設けたり、さまざまな改革案が論議・実行されています。しかし、どんなに手直しをしても、競争の原理にもとづく入学試験制度をかえないかぎり、無意味な受験勉強はなくならないでしょう。

いったい、どうして競争試験でない入学資格試験の考えが出てこないのでしょうか。それは、一つには「定員に合わせて学生を入れる」というお役所主義的な考えがぬけきらないからです。しかし、もう一つには、やはり、「競争試験でおどして勉強させるのが中・高校生を管理するのにいちばん楽なやり方だ」という考えを、どうしてもすてきれないからだといってよいのではないでしょうか。

大学入試でも、全国統一試験だとか、論文試験の採用だとかさまざまな改革案がだされています。しかし、それも全体としては入試問題をなんら改善することができないでしょう。いかなるやり方にせよ、人間を競争させて序列をつけていくというやり方は、根本的に人間性と教育とに反するものだからです。しかし、今後とも手をかえ品をかえた入試改革案が出つづけるでしょう。政府や文部省、教育委員会としては、世論の批判をかわすために、一〇年に一度ぐらいは新しい改革案を実施に移して、改革の意図を示さなければならないからです。そして、「入学試験の制度というのは、〈どうやってもうまくいかない〉と人びとに思いこませるよりほかない」と考えているからです。しかし、それは入学試験の原理をかえようとしないからです。

入学試験の原理そのものを競争試験ではなく、「入学資格のあるものが何人いる」ということをさきにして、あとから学校・クラスを設けるというふうにすれば、事態は大きくかわるはずだと私は思うのです。じっさい、いまの日本でも小学校に関しては、子どもの数に合わせて学校やクラスを増減させているではありませんか。できないことではないのです。

大正期の三無主義教育

無試験・無採点・無賞罰

初出一九七六年

つい最近のこと、「大正期から昭和のはじめにかけて〈無試験・無採点・無賞罰という三無主義の教育〉を貫いた専門学校があった」ということを知りました。官立横浜高等工業学校（横浜国立大学工学部の前身）でのことです。

この学校は、大正九年に開設された学校で、初代校長の鈴木達治（一八七一〜一九六一）の考えで、創立以来、その三無主義の教育を実行したのだといいます。

鈴木校長は、それまで東京高工（東京高等工業学校、東京工大の前身）の応用化学科の教授でした。東京高工の卒業者名簿をみると、各人の氏名のうえに在学中にえた各種の賞のことがたくさん書きこまれています。鈴木達治はそれが非教育的なものであることを痛感していたのでしょう。かれは東京高工の教授時代にも、断固として無試験主義を貫いたといいます。もっとも、「無試験・無採点」というのは「テストをしない」ということではなかったらしいです。期末試験などはいっさいせず、たえず小テストをすることであったようです。この東京高工での試みはすぐに神戸高工（神戸大学工学部の前身）にも波及したが、神戸高工では卒業生の就職のときにも企業側に卒業生の成績をまったく発表しなかったといいます。

横浜高工では、昭和三（一九二八）年から入学試験も廃止してしまいました。もっとも、この高工は日本中でももっとも評判のよい高工で、入学希望者がわんさと押しかけたから、入学者選抜はしないわけにはいかなかったのです。鈴木校長は「中学卒業生はすべて高工に入学しうるはずだ」という意見をもっていましたが、中学時代の成績と面接試問をもとにして一〇倍にもおよぶ入学希望者から入学者を選抜する方針をとりました。筆記試験をなくして内申書と面接だけで入学者をきめようとすると、「情実がはいる」という反対がおきるのがつねですが、鈴木校長は、「情実も公然として行なえばよい」というはっきりした意見をもってことに当たったのです。「たとえば、工業家の子弟には工業学校であるからには、多少の便宜を与えても差支えなかろうというが如きである」といっています。これも一つの見識です。

それでは、なぜ横浜や神戸の高工は無試験主義をとったのでしょうか。その理由を『神戸大学工学部五十年史』の筆者はこう説明しています。

「試験恐怖症の原因は、大部冊のノートを一度に全部復習せんとするところにある。本校は志願者を厳選して入学を許可しているのであり、まず優秀の部に属する。それを落第させる要はない。病気で修業できなかったものは止むを得ないが、その他は当然及第するはずである。それが及第できないのは教師が不注意で生徒を誘惑から隔離させることができなかったためである」

「テストをたびたび行うと、生徒がどういう点を理解し得ないかがよく判る。従ってその部分を再び講義することもできる。理解すると学科が面白くなる。学科が不良だというのは理解ができないためで、教師が理解の如何《いかん》にかかわらず無頓着《むとんちゃく》に授業を進めているからである。理解の如何《いかん》を知るにはたびたびテストするほか工夫はない。加うるに、テストの答案はすぐに添削採点して生徒に返すから、生徒は答案を見て大いに啓発される。テストは生徒をおどす道具ではなく、生徒を教える道具である。そのためには答案は添削して返さねばならぬ。ただ採点して生徒の力量を測るにとどめるのは不親切なやり方である」

どうも、私たちの時代の学校教育は、五〇年も以前のこういう経験も十分に学びとっていないようです。

高等学校を考えなおす

二種類の多様化と序列化

初出一九七五年

四八年まえの進学率との比較

今日の高校教育の位置づけを考えるために、はじめに、いま（一九八八年）から四八年まえの一九四〇（昭和一五）年の学校系統・在籍者数（第1図）と今日のそれ（第2図）とをくらべてみましょう〔一六〇・一六一ページ〕。

図を見くらべてください。四八年まえ（一九四〇・昭和一五年）には、中学校・実業学校（工業学校・農学校など）をあわせても、その進学率は二〇パーセントほどにすぎませんでした。今日の大学進学率はすでに三〇パーセントをこえているのですから、当時はかなりめぐまれた人たちだけが中等学校に進学できたのです。当時は小学校の成績がかなりよくても、中等学校に進めない子どもがたくさんいました。上級学校への進学は、家庭の経済状態によって大きく左右されていたのです。

四八年まえには、中等学校に進学できない子どもたちは二年制の高等小学校に進学しました。高等小学校は無試験で入学できました。一九四〇年の中等学校進学者にこの高等小学校への進学者を加えると、ちょうど今日の高等学校進学率とおなじになっています。そこで、いま〔一九七五年〕、高校の義務教育化が問題になっているのとおなじように、一九四〇年ころには、高等小学校の義務教育化が論議されていました。

そして、実際、翌一九四一年に制定された、「国民学校令」では、小学校を国民学校と改称して、一九四三年から最低、国民学校高等科までを義務教育とすることがきめられました。もっとも、一九四三年にはすでに敗戦色が濃くなったため、これは無期延期となりました。そこで、この構想は、敗戦後、三年制の新制中学校の義務教育化によってはじめて実現されることになるのですが、一九四三年には、国民学校高等科への進学率は九五パーセントをこえており、事実上、義務教育化に近いところまでいっていたのです。

一三年間の義務教育

ところで、みなさんは日本で義務教育年限がもっとも長かったのは、いつで、その義務教育年限はなん年だったかご存知でしょうか。

今日の義務教育は小・中学校の合計九年間で、そのうえに高等学校まで義務教育化したとしても、合計一二年の義務教育ということになりますが、じつは日本でも義務教育年限が一九歳まで合計一三年間という時期があったのです。

第1図　1940（昭和15）年度　学校系統・在籍者数

（『近代日本教育史事典』の統計により作成。
師範学校などは省略してある。数字は万人）

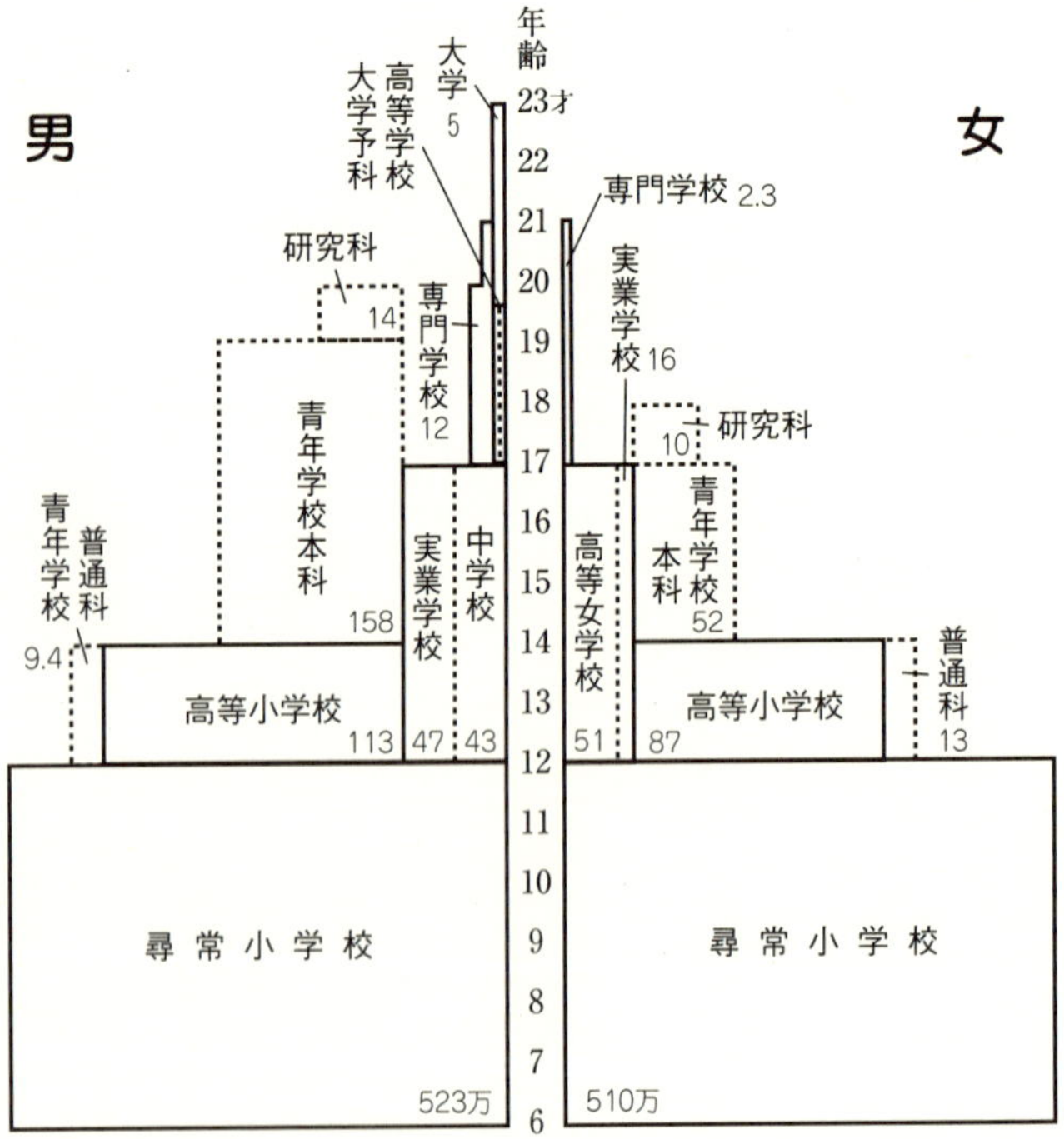

第2図　1988（昭和63）年度　学校系統・在籍者数

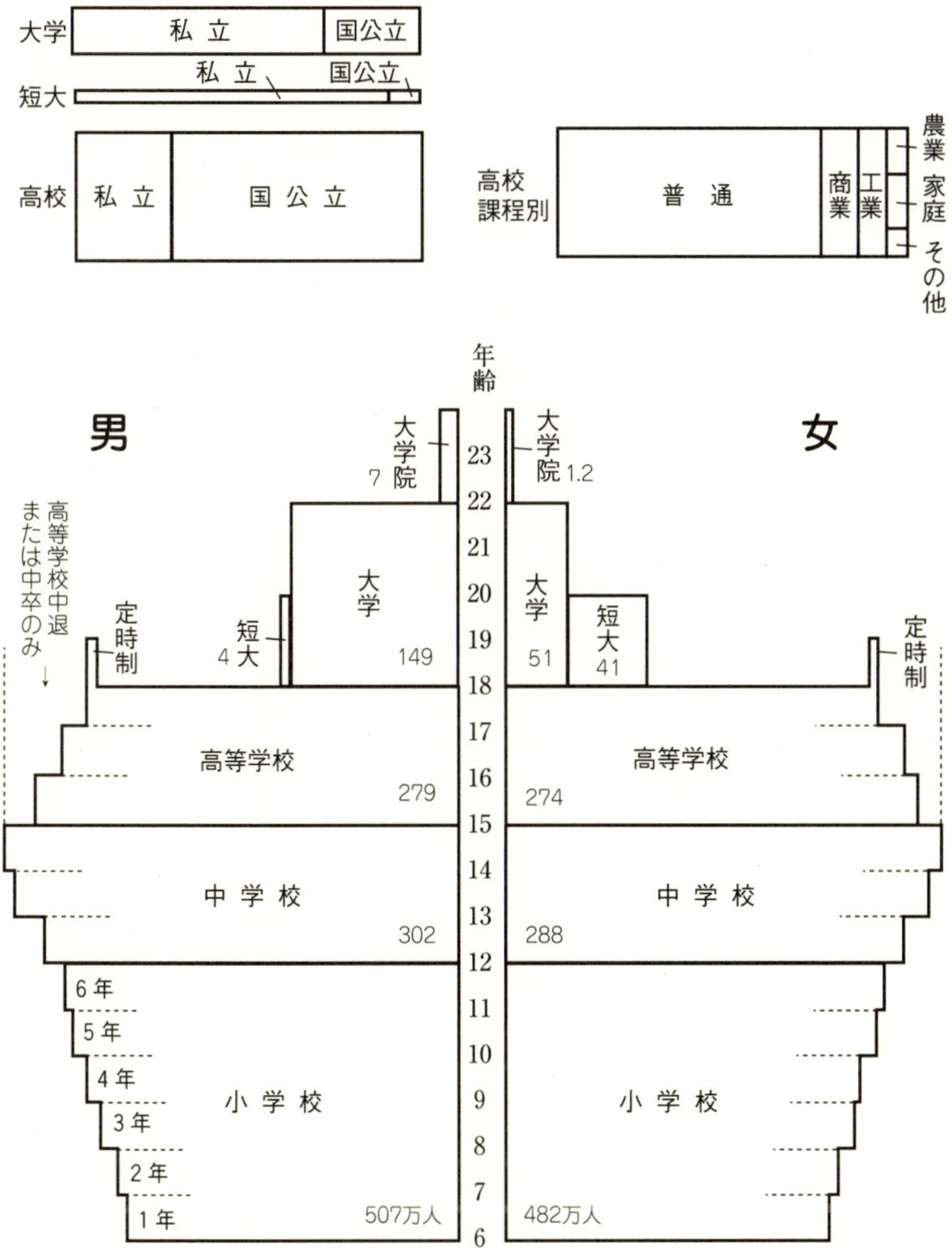

それは太平洋戦争中のことです。戦時中、政府は国民学校高等科の義務教育化を断念しましたが、それよりまえ、一九三九（昭和一四）年から政府は「青年学校の義務教育化」というかたちで合計一三年間もの義務教育の実施に着手していたのです。中等学校に進学しない者はすべて高等小学校二年（あるいは青年学校普通科二年）のうえに、さらに青年学校本科五年（特例四年）の教育をうけなければならなくしたのです。

この青年学校という学校は、働きながら通う学校で、「年間二一〇時間以上の授業および訓練」が行なわれることになっていました。

当時は中等学校に進学しないもののほうが大部分だったので、年齢一四〜一九歳の大部分の青年がこの義務制青年学校に通いました。じっさい、一九四五年までに義務就学者の九七パーセントは青年学校に就学したといいます。ですから、日本では、小・中・高一二年よりももっと長期間の義務教育が実施されたことがあったというわけです。

一九三九年九月、青年学校の義務制実施にさいして、当時の文部省の青年教育課長は、その趣旨をつぎのように解説しています。

「青年学校の制度そのものについていえば、この教育はいうまでもなく小学校をでたのち徴兵検査までの青年を、間隙なく国家の教育の手の中に収めておくことを第一の特徴とする」

そして、その目的は、「第一に国体観念を具体的に把握せしめること」「同時にこの教育が国防力の基礎になるように生徒を薫陶《くんとう》していくことである」というのです。

じっさい、この学校の教育内容は、修身公民科（年二〇時間）と軍事教練科（年七〇時間）が中心で、それに職業科と普通学科（計九〇〜一二〇時間）が加えられているだけのものでした。そして、その義務教育化もその趣旨からいって、男子だけに限定されていたのでした。ここでは、義務教育ということばが「国民の国家に対する義務」という意味のものだったことがよくわかります。

青年学校と高等学校とのつながり

この青年学校制度は、敗戦後、その軍事的な性格からして存続することができませんでした。しかし、一九歳までのすべての青少年を就学させたこの青年学校の実績は、敗戦後、新発足した高等学校教育のなかでひきつがれることになりました。いまの高等学校はふつう「旧制の中学校をひきつぐもの」として発足したと思われているのですが、かならずしもそうとばかりはいえないのです。

旧制の中学校は、高等小学校とちがって、選ばれた者だけを教育する機関でした。しかし、新制の高等学校は発足当時から一種の準義務教育機関として考えられていたのです。それは戦時中の青年学校が一九歳までのすべての青少年を就学させた実績をもっているということに注目した人びとにとっては、ごくあたりまえの発想だったのでしょう。一九四七年発行の文部省学校教育局『新学校制度実施準備の案内』にはつぎのように書かれています。

「高等学校は、希望する者全部を収容するに足るように将来拡充して行くべきであり、その計画は、高等学校において修学を希望する者の数を調査するなど、合理的な基礎の上に立って行われるべきものである。希望者全部の入学できることが理想であるから、都道府県および市町村などは高等学校の設置に努力してほしい」

また、二年後の一九四九年にも文部省学校教育局は『新制中学校・新制高等学校の望ましい運営の指針』という本のなかで、

「新制高等学校は、その収容力の最大限まで、国家の全青年に奉仕すべきものである。〔中略〕選抜をしなければならない場合も、これはそれ自体として望ましいことでなく、やむをえない害悪であって、経済が復興して新制高等学校で学びたい者に適当な施設を用意することができるようになれば、直ちになくすべきものである」

と述べています。

同じような見解は一九五一年九月一一日の文部省初中局通達「公立高等学校入学者選抜についで」のなかで、さらにはっきりとのべられています。

「(敗戦までの)中等学校は、国民学校高等科や青年学校と異なり、選ばれた少数の者のための教育機関という性質をもっており、この立場に立ってよい生徒を選抜するのが入学者選抜の意義とされていた。これに対して現在の高等学校は義務制でこそないが、国民全体の教育機関として、中学校卒業者で希望する者はすべて入学させることを建前とし、学区制も法律にその基礎をもっているのである」

今日〔一九七五年〕の「高校全入運動」「高校義務教育論」はこうして新制高校発足当初から予見されていたのです。

今日の高校教育の性格

今日の高校教育の混乱――それは高校教育についての基本的な考え方の混乱がもとになっているようです。もしも「高校は、本来、希望者はだれでもいれる学校であるべきだ」と考えるならば、「近ごろの高校には分数の加減乗除もできない生徒がはいってくるのだから困る」などという考えは根本的にまちがっていることになります。入学を希望する生徒がどんな生徒であっても、その生徒の実情にあわせて授業をするのが教育の原則だからです。できのわるい生徒にはそれなりの指導をする必要があるのです。

「学校教育法」の第七五条には、小・中学校のみならず、高等学校にも「性格異常者／精神薄弱者／聾者及び難聴者／盲者及び弱視者／言語不自由者／その他の不具者」のどれかに該当する生徒のために「特殊な級を置くことができる」と定められていますが、これはその考え方に立つものといえるでしょう。

ところが、今日の多くの高校教師はかならずしもそうは考えていないようです。「高校はかつての旧制中学のように、選ばれたものだけを教育するところだ」と考えているのです。

そこで、希望者が定員に満たなくても、入学試験を実施してできの悪いものをふりおとすことも行なわれることになります。そしてまた、入学してきた生徒の学力・能力におかまいなしに、一方的な授業をすすめることになります。

ところが、高校の先生がたがどのように考えようとも、じっさい、今日の高校にはかつてないほど広範な生徒たちが入学するようになってきています。現実的にいって、今日の高校は、選ばれたもののための教育に固執することができなくなってきているのです。そこで、とくにここ二〜三年、そういう現実にあわせて高校教育の問題を根本から考えなおそうという先生がたも少しずつでてきているように思われます。高校進学率が九〇パーセントにもなった今日では、もはや高校をエリート教育の場にすることはできないのです。

学習意欲がないのに高校へ進学するという現実

しかし、ここで、たとえ「今日の高校は入学を希望するあらゆる種類の生徒を迎え入れて教育するところだ」と考えたところで、問題は何も解決するわけではありません。「今日の高校には、まるで学習意欲のない生徒までがたくさんはいってくる」という深刻な問題があるからです。これは、本来、まったく矛盾したことがらです。高校に入学を希望するからには、それなりの学習意欲があるはずなのに、その学習意欲がまるでないというのだからです。なぜ、そんなおかしなことがおこるのでしょうか。

それは、「もともと本人は希望しないのに、両親などが高校進学をたのみこむ」などということが行なわれているからです。子どもより社会を知っている両親は「高校ぐらいでていないと差別される」ということをおそれて、勉強ぎらいの子どもにまで高校進学をうながすのです。

「高校ぐらいでていないと……」ということばは、「高校で教わるような知識・能力ぐらいは身につけていないと……」といった意味あいで用いられることはほとんどないようです。「高校を出た」という経歴のほうがはるかにたいせつだと考えられているのです。不幸なことに、今日の高校進学率の上昇は、それらの高校生の向学心のあらわれではなく、「高校卒業の学歴をもたないものへの差別への恐れ」がもとになっていることが多いのではないでしょうか。

ほんとうは「高校の義務教育化」よりも、「高校卒業の学歴がないというだけで差別することのない社会のシステム」をつくることのほうがたいせつだと私は思うのです。学習意欲がまるでないのに三年間もじっと教室にすわっているのは、たいへんなしんぼうを要することです。これでは、いわゆる「非行」に走りたくなるのはとうぜんですし、人間の生きる力も感動も失われてしまいます。

もちろん、学習意欲がまるでないようにみえる生徒だとて、それは生まれつきのものとはいえません。小・中学校の教育の集積がそれらの生徒から学習意欲をうばってしまったのです。そして、今日の高校教育はその痛手を回復させるどころか、さらに深刻化させてしまうのがあたりまえになっていることが問題なのです。ですから、それらの生徒を救うには、学校と小・中・高等学校の教育のなかみを改造するよりほかありません。

学習意欲を失ってしまって、授業にまったく参加しようともしなかった高校生でも、たとえば、仮説実験授業を実施すると、かなりの興味をよびおこすようになったというような報告は、明るい見通しがあることを示しています。

しかし、学習意欲をまったく失っている高校生たちの興味を回復させるような教師は、いまのところごく少数しかいないようです。それは急速にふえる見通しもありません。そういう事態のなかでは、私は高校の義務教育化に賛成することができません。人間には「学ぶ権利」とともに、「学ばない権利」も保証することがたいせつだと思うのです。

「エリート効果」というもの

ところで、選ばれた少数の人びとだけが学ぶような学校では、その教育内容や教育方法がかなり貧弱なときでも、その生徒たちのエリート意識をおもな支えとして、意欲的な学習が行なわれるのがふつうです。ふつうは「それらの生徒がすぐれているから意欲的に学ぶのだ」などと思われていますが、かならずしもそうではありません。「自分たちだけ少数のものが学んでいるのだ」という事実そのものが、学習への誇りと責任感を生じさせるのです。俗に「あまりすぐれていない」といわれる生徒たちでも、ほかの人びとの知らないような専門的なことを学ぶようになると、そこに誇りと責任感をもって、学習が効果的に行なわれるようになるのがふつうです。

私はこれを、教育効果を高める「エリート効果」とよぶことにしています。

明治時代の日本の教育は、この「エリート効果」だけで劣悪な条件をこえて、おどろくべき教育効果をあげることができたと私は思っています。教育の普及していないところでは、かえって多少の教育条件にめぐまれた人びとの学習意欲をかりたてるのです。

この「エリート効果」という面からみると、いまの高校教育はたいへん効率がわるくできています。同一世代の大部分のものがおなじように学んでいることがらを、誇りと責任感をもって学ぶのはきわめて困難なことです。

昔は中等学校程度の学校だった師範学校の卒業生でも、独学で外国語を勉強して、英語やドイツ語で書かれた教育書をどんどん読みこなす人がけっこういました。「自分で訳さなければ、ほかにやる人がいない」という思いがそれをなしとげさせたのです。ところが、いまでは大学をでた教師でも、おいそれとは外国語で書かれた教育書を読もうとはしません。長いあいだ外国語をおそわっても、「自分が読まなければ」という誇りも責任も感じないようになっているからです。

ですから、私は、教育がある程度以上普及したら、どうしてもだれでもが知らなくてはならないようなごく少数のこと（ほとんど小学校でおわると考えてよい）以外のことは必修課目にしないほうがよいのではないかと考えています。

日本中で英語の読める人が数少ないときには、どの中学校でも英語を必修にすることに重要な意義があったでしょう。しかし、今日のようにたくさんの人びとが英語の本が読めるようになったら、かえってふつうの人はごく初歩的な英語を知るだけで十分になってきていると思うのです。

そして、中学時代から、ロシア語・中国語・朝鮮（韓国）語・ベトナム語・マレー語など、人によってそれぞれちがう外国語を学ぶようにしたほうがはるかに学習意欲があがると思うのです。そういう言語は、社会が必要としているのにほとんど知っている人がいないので、その学習には誇りと責任感を伴わせることができると思うのです。

必修の思想にまちがいはないか

多くの人びとは、高校進学率が九割以上にも達したという事実をもとに、「これからの世の中に生きていくには高校程度の学力・知識を身につけていることが最低限必要だ」などと考えているようです。しかし、私はそのようには考えません。今日の社会に生きていくには、そんなにたくさんの知識はいらないと思うのです。

じっさい、これまでの教育をうけてきたおとなをみても、小・中・高校などでうけたはずの教育の大部分は身についていないというのが実情ではないでしょうか。少なくとも科学については、そう断言できます。それでもふつうは困らないのです。

それより問題なのは、「たしかにほかの人びとの役に立つことができる」というような個性のある知識・能力に自信のもてることが少ない、ということだと思うのです。

私はこれまで長年のあいだ、小・中学校を中心とした科学教育の根本的な改革の研究にとりくんできましたが、いまのところ、私は、私たちがまとめあげた教材（授業書）のどれについても、「国民必修」の知識として教える必要を感じないですんでいます。すでに私たちは三〇以上の授業書をつくりあげており、そのどれもが科学のもっとも基本的な理解にかかわっているものですが、今日の世の中で生きていくには、それらを知らなくてもほとんど不都合は生じないのです。

しかし、それらのどれか一つでも十分に学ぶことができたなら、その人の科学的な知識・能力を大きく高めるだけでなく、その人の科学観や自然観・人生観などに大きな影響を及ぼすことはたしかです。だから、私たちはその研究に情熱を傾けることができるのです。

けれども、じっさいのところ、今日のおとなたちのほとんどすべては、私たちの教えようとしている科学上のもっとも基礎的・一般的な概念や原理的な法則などをまるで知らないでいて、けっこう生きていることを考えると、「これこれの内容はどうしてもすべての小・中学生、あるいは高校生に教えなければならない」と主張することはとうぶんは不要だと思うのです。

私はほかの教科でも大なり小なりおなじようなことがいえると思っています。「すべての人にこれだけの知識はぜひ」というのは大部分は誇張であるし、そういう誇張がこれまでの学校教育の画一化をもたらし、生徒の実情にあった柔軟な教材編成をこばんできたと思うのです。

そこで、私は結論としてこう主張したいのです。――「これだけは知らなければならない」「これができなければならない」という主張の大部分は、それによって人びとの価値観を一元化し、生徒を一本の序列のなかに位置づけようとする試みに通ずるものとして再検討を要するのではないでしょうか。「すべての子どもに同じことを教えて競争させる。そして、その成績によって自分の運命に見切りをつけさせる」というのが、いまの学校教育の根本的なしくみになっているのです。

このような競争の原理は一見たいへん民主的で、子どもたちの競争意欲をあおって学習意欲をおこさせるのにたいへん効果的であるようにも思われます。しかし、日本の教育における大実験はそのような考えがまちがっていることを証明してしまいました。はげしい競争をしいられている今日の生徒たちは、もっとも優秀だといわれる生徒たちをとってみても、かつての生徒たちよりもずっと学習意欲にとぼしいことは疑いえない事実だと思うのです。

二種類の多様化

もっとも、今日では「高校教育の多様化」がうたわれることも少なくありませんが、その多様化とは、多様なコースそのものを「普通科＞商業科＞農業科」というような序列のなかにおしこめ、人間の選別を生みだすもとになっています。今日の「多様化」の主張は「序列化」をさらに徹底させ、差別を教育にもちこむような性格をもっていることが少なくないのです。そのような「多様化＝差別化」に多くの人びとが反対を唱えることはまったく正しいことです。

しかし、「すべての高校生に同じことを教えて競争させれば、それで差別を生じないか」といえば、そんなことはありません。与えられたただ一つの価値尺度で競争させられるとき、その価値尺度にうまく順応できる人びとはその競争に勝ちぬけるかもしれません。しかし、その価値尺度に十分順応できないものはふるい落とされ、差別されることになるからです。人間の生き方には多様なものがあってとうぜんなのに、ある一つの型の受験競争だけで人びとの序列をつけること、そのことが差別を生みだすのです。

そこで、私は、「多様化に序列をもちこむことのない、ほんとうの価値の多様化によって豊富な高校教育を生みだすことがたいせつだ」と主張したいのです。そして、「これだけはすべての生徒に教えるべきだ」というおしつけ的な教材精選の立場に立つのではなく、『少なくともこれだけは多くの高校生が深い感動をもって学ぶことができる』というような教材を一つ一つ着実につみあげ、ただ一つでもよい、学ぶことのすばらしさを高校生に伝えることが、いまの高校教育を根本的に改造するための第一歩ではないかと思うのです。

私自身、これまでそう考えて研究をすすめてきましたし、これからも研究をすすめようと思っています。

教科書のあるべき姿をさぐる

初出一九七四年

教科書についてのイメージ

「教科書とは何か」――いきなりこんなことをいわれると、とまどう人が少なくないと思います。日本の小・中・高等学校では、「教科書は文部省の検定をへたもの」ということになっていて、表紙などにも「文部省検定済」と印刷されています。その体裁も大同小異で、見るからに教科書らしい感じがします。だから、教科書というものがどういうものか、多くの人びとのあいだで暗黙の了解がなりたっているといってよいでしょう。

しかし、それは今日の日本で使われている教科書についてのイメージであって、それがそのまま〈教科書というもののあるべき姿〉であるかというと、かならずしもそういうことにはならないでしょう。私たちは、ずっと同じような教科書ばかりを見ているものだから、いつのまにか「教科書とはこんなものにきまっている」などと思いこみがちですが、もっと自由に、広い視野で教科書というものを考えなおしてみる必要があるのではないかと思うのです。

たとえば、アメリカの子どもたちは、日本ではとうてい教科書とは思われそうもないような、大判で分厚い本を教科書として使っていたりします。教科書というものについてのイメージは国と時代によってかなりちがうのです。日本の小・中・高校のように国（文部省）による検定制度をとっている国もありますが、国定制の国もあり、認可制や自由採択制の国もあります。日本の教科書は、その大部分が教科書専門の出版会社でつくられ、たくさんの著者の共著の形をとっています。ところが、教科書の場合でも一人ないし二、三人の著者が書くのがあたりまえになっている国もあり、教科書専門の出版社などほとんどない国など、いろいろです。

そういういろいろな国があるのに、どうして日本の教科書はいまのような形式・体裁・制度のもとに著作・編集・発行・利用されているのか、それがはたしていちばんよいのかどうか、そのことについて一度は根本的に考えなおしてみる必要があるのではないでしょうか。日本のなかだけを見ても、教科書についてのイメージは時代とともにかなり大きく変わってきているのです。

そもそも教科書というものは、なければならないものなのか。もしあったほうがよいとしたら、それはどんな内容・形式・体裁のものがよいのか。ときにはそんなことも考えて、思考の幅を大きく広げる必要があるのではないか、と思うのです。

教科書の大きさ

さて、ここに一冊の本があります。この本が教科書であるかどうか、どうやったら見わけられるでしょうか。

まず、一目見て「ああ、これは教科書ではないな」と思えるような体裁の本があります。文庫判や新書判のように小型の本や、百科事典のように大型の本——そういう本は、まず「教科書ではない」といってまちがいなさそうです。しかし、それは日本の小・中・高校での常識をもとにしての話です。はじめにも書いたように、アメリカでは百科事典のように大きな本を教科書にしていることもまれではありません。日本でも、大学では文庫本や岩波新書などが教科書としてつかわれることがあります。敗戦まえの岩波文庫には、「教科書判」といって、少し大き目のものもありました。

今日の日本の小・中学校の教科書は大部分がA5判（約二一センチメートル×一五センチメートル）という大きさで、学年によって教科書の厚さもだいたい一定しています。しかし、そういう判型や厚さはかならずしも教科書というものの本来の役割からきまってきたものとはいえません。今日の日本の小・中・高校の教科書の判型・厚さがほぼ一定しているのは、文部省が検定教科書の定価や判型やページ数などを統制しているからにすぎません。もっと大きくて厚い本をつくっても、日本では検定に合格できないのです。

一九六二年ごろ、アメリカから『PSSC物理』という新式の（高校程度の）教科書が日本に紹介され、大きな反響をよんだことがありました。この教科書は「アメリカの最新式の教科書だ」というので、文部省の関係係官や文部省に発言権のある学者先生がたも大いに興味と関心とを示しました。そして、「これをこのまま訳して、日本の高等学校の教科書にしてみたらどうだろう」という話がでました。しかし、それはページ数（定価）の面からも教科書検定に合格させられないということがわかってしまいました。その本は、B5判という週刊誌大のおおきさで、厚さが五センチメートルほどもあったからです。

こういうと、「そんなに大きな教科書は子どもが毎日持ち運ぶだけでもたいへんだろう」と心配する人もでてくるでしょう。そして、「そういう点、日本の教科書は判型がそろっていて、それほど厚くないから、カバンに入れて持ち運ぶのにとてもうまくできているわけだなあ」と感心する人もいるかもしれません。たしかに、「教科書というものは、毎日のように学校と家の間をもって行き来するものだ」ということにきまっているのだったら、そういうことがいえます。

しかし、アメリカでは、教科書を家にもちかえることはあまりないようです。教科書は学校に備えつけてあって、家庭にはもちかえらないのがふつうのようです。教科書の判型とか厚さとかいうものは、その使い方とともに、検討する余地があるわけです。

教科書の大きさ・厚さは、もちろんそこに書かれる内容、授業のすすめ方にも影響をおよぼします。日本での多くの国語の授業のように、はしからはしまで、一言一句くり返しくり返し読ませるような授業をやることがたてまえなら、教科書の分量はあまりふやすことができません。逆に、国語の教科書の分量がいまの三倍や五倍にふえたら、授業のやり方はまるでちがうものにせざるをえなくなるでしょう。ほかの教科書でも似たようなことがいえます。

教科書と参考書のちがい

教科書にとってその判型や厚さは本質的なものではない。――それは少し考えてみればまったくあたりまえのことです。それなら、教科書というものは、ほかのいろいろな本——参考書とか問題集・教養書・専門書・実用書などといった本と、どのような点で本質的にちがっているのでしょうか。

この場合、「文部省の検定をへたものが教科書だ」といえば、日本の小・中・高校の場合、実情にはよく合います。けれども、教科書検定制というような政治的な制度は教科書よりもあとからできたものです。そして、それは学校や社会によって時代とともに変わっていくのです。ですから、それでもって教科書の本質ということはできません。教科書の本質について考えるには、教科書について政治的な制度がまったくない大学や各種学校などの教科書について考えてみたらよいでしょう。そこではどんなものが教科書としてほかの本と区別されているのでしょうか。

大学の教科書のなかには、表題に「○○学教科書」などと印刷されていたり、序文に「これは大学教養課程程度の教科書として書かれたものだ」などと明記してあったりして、いかにも教科書らしい教科書もあります。けれども、大学では一冊の岩波新書やある日の英字新聞が教科書とされることだってめずらしくありません。こうなってくると、教科書というものを、その体裁・形式からしてほかの本と区別することなどできっこないことがわかります。

それでは、教科書をそのほかの参考書・啓蒙書などの本と区別することは、どだい無理なことで、やってもしかたないことなのでしょうか。いいえ、そんなことはありません。その証拠に、講義のはじめなどに先生が「この講義では、この本を使います」などというと、学生たちのあいだからきっと「その本は教科書ですか、参考書ですか」という質問がでてきます。学生たちにとっては、それが「教科書か参考書か」ということは重大な関心事だからです。

それなら、この場合、教科書と参考書はどこがちがうのでしょうか。それは、ある一冊の本が「教科書か参考書か」と問題になっていることからもわかるように、その本の体裁・内容などできまることではありません。それは「先生がどういうつもりでいるか」によってきまることだと、学生たちは考えているのです。もしそれが教科書だとしたら、学生たちは全員それを買うことになります。参考書だとしたら、かならずしも買いません。

なぜ、教科書だと買い、参考書なら買わないのか。それは、教科書だと、「それを勉強していさえすれば単位がとれるだろう」「試験問題もその範囲内から出るだろう」という暗黙の了解があるからです。しかし、参考書であれば、「とくにわからないところ、とくに知りたいところさえ読めばよい」ということになるので、とくべつな勉強家の学生以外は買いもしなければ読みもしないということになるわけです。

教科書と参考書とのちがい、それは、外見上も内容上もまったくあいまいなものですが、教育上の機能や働きからいったら、かなりはっきりしたちがいがあるとされているのです。そこで、たとえば、教授は、「教科書として指定してある本に書いてあることなら、たとえ講義のときにほとんどまったく言及しなかったことでも、試験に出題しても不自然でない」と思っています。「教科書にでているからしゃべらないが、このくらいのことはとうぜん知っているべきだ」という先生が少なくないのです。そういうつもりで「この本を教科書とする」という先生もいるようです。

教科書の権威

大学の場合、ある本を教科書として採用するかしないかは、先生一人ひとりの考えによってきまります。どんな本でも教科書にして、それで学生を勉強させることができるのです。しかし、大学の先生でも、一度一冊の本を教科書として指定すると、こんどはその教科書と学生たちとから束縛・制約を受けるようにもなります。学生たちのなかから「先生、もっと教科書にそって講義してください」「教科書からあまり脱線しないでください」という要求がでてくるようになるからです。大学でも、一度教科書をきめて、それで学生たちに勉強させようとしたとたん、こんどは先生が、学生たちからその教科書どおり講義・授業を進めるように束縛されるというわけです。

そこで、「教科書をなくしてしまったほうがよい」という考えもとうぜんでてきます。じっさい、大学では教科書を用いない先生もたくさんいます。しかし、「教科書がないと何を勉強してよいかわからない」「知識がまとまらない」という学生が少なくないことも事実です。教科書なしで、毎回、講義案をまとめなおして印刷するなり学生に書きとらせるなりすることは、教授にも学生にも大きな負担になります。それに、大学院あたりでなければ、授業の内容を毎年変えなければならないということもあまりありません。そこで、大学でもだんだんと教科書を用いる先生がふえているのです。そして、一度教科書を用いるようになると、それは先生と学生とのあいだにあって、学生と先生との両方を束縛・統制する権威としてのしあがってくる運命をもっているのです。

教科書というものはなぜそんな権威をもつようになるのか、――「それは試験というものがあるからだ」ということもできます。多くの学生は、教授の講義をきくためではなく、試験にパスして単位をとり、学歴を身につけるために授業にでるのです。だから、講義より試験が重要になり、先生よりも教科書のほうが権威をもつようになるというわけです。

おなじことは小・中・高等学校の場合についてもいえます。この場合には、そこで教えることは大学の場合よりもさらに安定しているといえます。そこで、教科書をつくったほうが教えやすいし、学びやすいということになります。ところが、教科書を使うと、それが子どもと教師とを束縛するようになることは、大学の場合以上です。大量に印刷されるものは、「それだけ社会の多くの人びとに受けいれられている」ということで、すでに教師以上の権威をもっています。活字信仰というものです。それに、学内の試験だけでなく、入学試験があれば、その試験範囲と重なる教科書の権威はいよいよ高まります。

教科書というものは、もともと教師がその教育活動をより効果的に行なうように利用するものでした。ところが、それは、試験とか活字とか検定とかの外的な権力とつながることによって、教師以上の権力をもって子どもと教師の活動を規制し、束縛するようなものとなっているのです。明治以後の日本の教育は、よいにせよ悪いにせよ、全体として政府の権力的な指導のもとに強引におしすすめられました。そのため、日本ではとくに、教科書というものは権力的なものと結びついて成長してきました。そして、教科書というと、とかく暗いイメージがともなうようになってしまったというわけです。

教科書のあるべき姿

しかし、教科書というものはもともと権力主義的に生まれたものではありません。それは、「子どもたちがある知識なり技能なり考え方なりを身につけていくプロセスには一つの法則性がある」という認識をもとにして生まれたものなのです。「一人ひとりの教師が思いつきで授業をするよりも、すぐれた教科書を使って授業をしたほうがより効果的な授業ができる」という実績があって生まれでたものなのです。

多くの人びとは、子どもの個性が人さまざまであることを重んずるあまり、「個性のちがう子どもたちも人間としての共通性をもっていて、知識や技能・考え方を身につけていくプロセスには、ある種の法則性があるということ」を見失いがちです。

しかし、「あるクラスで成功したすぐれた授業案を使えば、ほかの教師がほかのクラスで授業をやっても、たいていは大きな成果があげられる」ということも、実際的にたしかめられていることです。そういうすぐれた授業案にもとづいて授業しやすいようにできた教科書、それがよい教科書ということができます。

大学の教科書があまり教科書らしい感じがしないのは、「学生の認識のプロセスまで考慮して書かれたものが少ないからだ」ということもできるでしょう。そこでは、「学生が知るべき知識が羅列的に概説書風に書きつらねてあるだけ」ということが少なくありません。

もっとも、その点では、小・中・高校の教科書だってたいして変わらないともいえます。子どもたちのおぼえるべき知識がいくらかおぼえやすいように配列されているというだけで、かならずしも、子どもたちが読んで興味をそそられたり、授業がやりやすいように配慮されてはいないのです。

たとえば、理科（自然科学）教育の場合、授業のときに実際に実験してみるのなら、その実際の結果が教科書に印刷されていないほうが興味がもてます。ところが、「学校ではかならずしも実験しない」ということを前提にして、しかも、「入学試験などに実験の問題がでてもよいように」配慮するとなると、実験の結果についても、ことこまかに書いておかなければなりません。

日本の理科教科書は、実験をふくめて、「入学試験のためにこれだけは覚えておくように」ということだけを配慮してつくられていることが多いのです。

しかし、たとえば、日本の理科の教科書の歴史をみてみると、明治以来百年のあいだに（体裁・形式・内容ともに）じつにいろいろな教科書がつくられてきたことがわかります。

ある時代には、理科は、体操や修身などとともに、「教科書を用いるべきではない」という考え方が主流を占めたこともあります。そのために、一九〇四（明治三七）年に国定教科書制度ができたときも、理科については国定教科書をつくりませんでした。

小学校の一～三年生でも理科を教えるようになったのは、一九四一（昭和一六）年からのことですが、そのときも、「小学校一～三年（低学年）では生徒用の理科の教科書はないほうがよい」というので、教科書はつくられませんでした。

敗戦後は小学校低学年にも理科の教科書がつくられるようになりましたが、それはかならずしもとくべつな教育的配慮にもとづいたものではありません。

教材の自主編成と非検定教科書——いろいろな教科書の型

一口に教科書といっても、これまでつくられてきた教科書だけをみても、その性格はずいぶん多様です。

私の小学生時代には、四年のときから理科という教科が設けられていたのですが、そのはじめの授業のとき、『尋常小学理科書』という国定教科書を机の上にひろげて、こっぴどく叱られたことがあります。自分で理科教育の歴史を研究するようになってからはじめてそのわけがわかったのですが、この教科書は、「授業中にあけて見てはいけないもの」とされていたのでした。

この教科書は、「児童筆記代用書」という性格のもので、授業中に実験や観察や問答をしたあとで、その授業の内容をまとめて記憶するためにだけ使うことになっていたのです。ですから、この教科書は、通読してもおもしろくないように、わざと無味乾燥な文章になっていました。

そうかと思うと、はじめから読んでおもしろいようにつくられた「理科読本」「リーディング・ブック」というタイプの教科書もありました。一八八六（明治一九）年ごろから数年間と、一九四六（昭和二一）年ごろから数年間にわたって、そういう教科書が広く使われました。とくに、敗戦後のものは、習字や図画や作文の「手本」と似た性格をもっていて、子ども自身が自発的に研究するための「手本」としての性格をもっていました。

このほか、「学習書」「自学書」「ワークブック」などというタイプの教科書が広く使われたこともあります。そういう教科書を使っていた時代には、子どもは、教科書をあらかじめ読んでおいて、そこに書いてある課題について観察したり調べたりしてくるように命じられていました。授業では、先生がその予習の結果を点検したり、発表させたり、テストしたりしたのです。

そうかと思うと、学校の授業はほとんど全部がグループで実験・観察するようになっていて、教科書にはそのための指示がことこまかく指示してあるというものもありました。受験予備校のように、「問題集」がそのまま教科書として使われることもあります。同じ理科の教科書といっても、授業のなかでの使われ方はまったくまちまちで、それに応じて、その体裁・形式なども大きく変わってくるのです。

私は、こういういろいろなタイプの教科書の長所・短所を全体的に検討したすえに、「授業書」という新しいタイプの教科書を開発してきました（「私の評価論」参照）。これが「授業書」とよばれるのは、文字どおり授業そのものを集団で話し合いながらすすめるのに便利なようにできているからです。

このように、これまであった教科書のタイプにとらわれることなく、新しい授業の内容や教育運動のすすめ方に合わせて、新しいタイプの教科書を開発していくことが、たいせつなのではないでしょうか。

近ごろは教材の自主編成の運動がさかんになってきました。上から押しつけられた教育内容をそのまま教えるのではなく、日ごろ子どもたちに接している教師が、ほんとうに子どもたちが学ぶに値することを発掘し、積み上げていくことがたいせつなことはいうまでもないことです。

私は、とくに、この運動が政治の世界の政党や文化人の運動でなく、教育現場にある教師の運動であることに意味があると思っています。与党であれ野党であれ、政治家や文化人が提起できることは、「何を教えるべきだ」という「べき」のあらましにすぎません。

しかし、そういう「べき」先行の教育研究は、とかく子ども不在になりがちです。「何をどのように教えたら、子どもたちの世界がどのように開けたか」という教育実践に裏づけられた教育改革の運動こそが、子ども中心の教育をつくりだしうると思うのです。

「何をどのように教えたら、子どもたちはどのように変わったか」という教育実践を積みあげて、それをもっとも効果的に多くの教師の共通財産とするためには、どのようにしたらよいでしょうか。

そのためには、検定教科書のものまねではない、新しいタイプの教科書、授業書をみんなでつくりあげていくことがたいせつだと、私は思っています。仮説実験授業研究会の人たちがつくっている授業書はそういうものの一つの例です。数学教育協議会の人たちの『わかるさんすう』（麦書房）、教育科学研究会国語部会の人たちの『にっぽんご』（麦書房）も新しい教科書の一つといえるでしょう。

私は、もっともっと教師や子どものよろこぶような新しいタイプの教科書を、検定教科書のワクをこえた教科書を、幅広くつくり出していく運動をいっそう意識的にくりひろげることが、いまもっともたいせつなのではないかと思っています。

幼児の学習意欲をのばすために

家庭教育と学校教育のあいだ

初出一九七五年

幼稚園や保育園の普及をめぐって

最近、幼稚園や保育園が急速に普及しつつあります。第二次世界大戦以前は、東京のまんなかでも、幼稚園にかよう子どもはほんの少数でした。私は、幼稚園に行かなかったのですが、小学校にはいったとき、幼稚園出身の友だちは何となくお坊っちゃんのように思えて、反発したいような気分をもったことをおぼえています。しかし、いまでは、大部分の子どもが幼稚園にかようようになり、子どもを幼稚園に行かせないと、あとで落後するのではないかと思わせられるような雰囲気があります。

幼稚園の普及によって、最近では、幼児教育の義務教育化も考えられるようになってきました。幼稚園の二年間と小学校低学年の二年間とをいっしょにして、四年制の幼年学校を設けるといったプランもでています。四〜五歳の幼児も学校教育のなかに編入されようとしているのです。いや、これはプランだけの話ではありません。実際、すでに小学校のような勉強を教えている幼稚園がふえてきているようです。また、母親のなかにも、幼稚園に「字や計算を教えてほしい」と要求する人びとがふえているようです。

そこで、一方では、このような動きに対して反対する人びとの動きもでてきています。

「幼稚園から勉強を教えるなんて」というわけです。それらの人びとは小学校の先生にこう質問します。「小学校に入学するまでに字を読み・書きできるようにしておかなければならないのでしょうか」というのです。すると、小学校の先生はたいていこう答えます。「いや、小学校にはいるまえに予備的な教育をすることなどまったく不要です。自分の名まえが書ければ、それで十分です」——ところが、そのことばをそのまま信用したばっかりに、「小学校にはいったとたん、子どもが授業についていかれなくなった」という苦情もよくききます。大部分の子どもは小学校に入学したときにはもう字が書けるようになっているので、小学校の先生は字の読み方や書き方をていねいに教えることからはじめてはくれなかったりするからです。

どうも幼稚園と小学校入学とのあいだには、タテマエと実際とで大きなくいちがいがあるようです。

幼児教育についての二つの考え方

今日の幼児教育についての議論は、ふつう二つに分かれているといってもよいでしょう。

その一つは、「幼児にもできるだけ早くから教えて訓練したほうがよい」という考え方です。もう一つは、それとは正反対の考え方で、「幼児はおおいに遊ばせるべきであって、そんなに早くから教えてはならない」という考え方です。いったいどちらの考え方が正しいのでしょうか。

この二つの考え方はきびしく対立しているようにみえます。しかし、私はこの二つの考え方には一つの共通した考えちがいがあるように思えてなりません。それは、どちらも「何々させるべきだ」というかたちで議論が展開されていることです。幼児自身の要求が前面にでていないことが気になるのです。

たとえば、どちらの議論にも「勉強というものはつらいものだ、たのしんでやるものではない」ということが前提になっているように思えます。「勉強はつらいものだから、早くから仕込んで習慣づけなければいけない」と一方がいえば、他方は、「勉強はつらいものだから、小さいときからそんなことをやらせるのはかわいそうだ。十分よくあそばせてはじめて、あとでよく勉強できる子どもが育つのだ」と主張しているように思えます。私には、どちらもたいへん画一的な考え方をしているように思えてならないのです。

幼児は学びたがり屋だが

それでは、幼児の実際はどうでしょうか。「小さい子どもはむしろ学びたがっていることが多い」といってもよいのではないでしょうか。小学生も三〜四年生になると、多くの子どもが勉強ぎらいになってきますが、小学校入学前後の子どもたちは一般的にたいへんな学びたがり屋です。字を教わりたがるし、テストが大好きです。そういう子どもたちの実際をみて、字を教えたり、テスト問題を出してやったりすることはごくしぜんなことです。そうやって勉強を教えてやっているからといって、それで、「幼児のときから高校入試や大学入試の準備教育をやっている」と非難することはまちがっています。

しかし、幼児が強い学習意欲をもっているからといって、「早くから組織的に勉強を教えるべきだ」という主張が正しいというわけにもいきません。幼児は自分の興味や関心にしたがって学びたいのです。なにも自分が学びたくもないときに、学びたいとも思っていないことを教えてほしいといっているのではないのです。そんな子どもにおとな本位の考えでいろいろなことを教えたら、すぐに勉強ぎらいになってしまうでしょう。

子どもにとって、本来、遊びと学びとは同じものなのです。積木をつんだり、ブロックを組みたてたりすることは遊びであるとともに、学びにもなっているわけです。それを、「遊びと学びとはちがうものだ」と思いこんでいるおとなが、むりやりきりはなしてはならないのではないでしょうか。

こんなことをいうと、ある人はこういいます。「幼児がそんなに学びたがり屋ならば、それをうまく利用して適切な教育プランをたてれば、ずいぶん効果的な教育ができるのではないか。だから、やっぱりできるだけ早くから教えたほうがいいのだ」というのです。しかし、残念ながら、そういう「適切な教育プラン」というものは、まだほとんどみつかっていないというのが実情なのです。むしろ、これまでの学校教育は、そういう適切な教育プランがなかったということをすでに証明しているといっていいでしょう。

私たちのこの雑誌『ひと』がでるようになってはじめて、「学校の勉強もたのしいものになりうるのだ」ということがやっと広く認められるようになってきているのです。いま、一般に行なわれているような学校教育のあり方をそのまま幼稚園におよぼしたら、幼児の学習意欲もまったくおしつぶされてしまうでしょう。

これまでの学校教育は遊びと学びとのあいだを深く切りさくことにしか貢献してこなかっ

たのです。そういう学校教育の考え方をもとにして、幼稚園での教育がうまくできるとは期待できないのです。つまり、「小学校にはいるまえの小さな子どもたちがいくら学習意欲をもっていても、その子どもたちに、小学校のようにして何かを教えることはとても危険なことではないか」と私は思うのです。

それなら、それらの子どもたちには、どのように対処したらよいでしょうか。

私は、やはり、「少なくともここしばらくのあいだは家庭教育を原型とした生活のなかでの教育しかないのではないか」と思っています。

家庭での教育と学校での教育

近代的な学校教育の制度が発達するにつれて、学校以外の教育――家庭や近所や職場での教育の場がどんどん縮小されてきています。私は、これはかならずしもいいことではないと思うのです。

「家庭での教育と学校での教育とでは、どちらがすぐれているか」というと、「それはいまなお家庭での教育のほうであることはたしかだ」と思うのですが、どうでしょうか。もちろん母親がよく知らないようなことは家庭では教えられないわけですが、「母親が十分知っていることなら、母親やそのほかの人びとが家庭で教えるのがいちばんいいことはたしかだ」と思うのです。

学校教育とはちがって、家庭教育にはカリキュラムといったものもありません。教育の系統性などということも問題になりません。家庭では、ただ偶然に生じることがらや子どもの興味・関心に応じて、アトランダム（無作為）に教えているだけです。ところがどうでしょう。それでも日本の子どもたちは（ごくごく特殊な子どもをべつにすれば）みんな日本語をすらすらとしゃべるようになります。どんな母親でも、「いやがる子どもに日本語を教える」というような非教育的なことをいっさいすることなしに、しぜんに日本語を話せるようにしてしまうのです。

これはあたりまえといえば、じつにあたりまえなことですが、不思議といえば、じつに不思議なことです。どんなにベテランの英語教師でも、クラスの子ども全員が英語をたのしく学べるようにすることはほとんどできることではないのに、どこの母親でもむずかしい日本語をいやがらせずに教えることができるのです。

それはもちろん、母親の教育能力がすぐれているからではありません。そういう母親でも、「外国人の学校で日本語をうまく教えられるか」となったら、まったくだめでしょう。日本の子どもは、生まれたときから、日本語をしゃべって話しかける母親やそのほかの人びとと接触するなかで、日本語を理解し、しゃべれるようになることの便利さ、すばらしさを体験するのです。そこで、それを自分自身の生活に深くかかわるものとして意欲的に学んでいくのです。

今日の日本の学校教育の普及はめざましいものがあります。けれども、そういう教育で、日本のほとんどすべての人びとの身についていることにはどんなものがあるというのでしょう。日本語を聞き・しゃべること、ひらがな・かたかなを読むこと、山や川などのうんとやさしい漢字を読み・書きすること、たし算・ひき算とやさしいかけ算・わり算といったことはほぼ百パーセントの人ができるようになっているといっていいでしょう。ところが、その大部分は、「学校で教わったからできるようになった」というよりも、「家庭や社会でくり返し活用することによって身についた」といったほうがよいでしょう。

科学上の知識でも、家庭でたえず話題になるような「空気の存在」とか、「大地はまるい」

とかいうことはほぼ百パーセントの人が知っているでしょうが、それ以外のことになると、ごく初歩的な科学の知識でもせいぜい五〇パーセントぐらいの人びとしか知らないといっていいようです。「アルミニウムのような金属が電気をよくとおすかどうか」といった電気のもっとも基本的な知識でも、たしかな知識をもっている母親は一〜二割以下というところなのです。

これに反して、学校ではほとんど教えない知識でも、家庭ではよく話題になるようなこと——たとえば、「茶柱がたつと縁起がいい」などというどうでもいいような知識でも、茶の間でたのしい話題となるものは、学校教育のなかでまったく教えられなくても、ほとんど百パーセントの人が知っているのです。

だから、私は思うのです。「もっとも効果的な教育の原型は、学校教育ではなくて、家庭教育なのではないか」と。

もちろん、昔は文盲の人がたくさんいましたから、家庭で文字を教えることのできない人もたくさんいました。日本の学校教育はそういう文盲をなくすうえでいちじるしい成果をあげたことはたしかです。しかし、「そういう文字の教育も、新聞や文学の発達・普及とともにに、はじめて普及・定着することができた」ということを忘れてはならないでしょう。やはり、教育は強制ではなく、必要と興味に支えられて、はじめて効果的なものとなることはたしかだと思うのです。

幼児のためのたのしい遊び＝学習を

幼稚園はもともと家庭教育の延長のようなものでした。ところが、近ごろ、その幼稚園まで小学校のように一方的に勉強を教えるところにする動きができてきているわけです。これは憂うべきことといわなければなりません。ただ、そういう動きに歯どめをかけるためには、「幼稚園の子どもたちには勉強を教えるべきではない。教えてはならない」といっているだけでは問題は解決しないでしょう。なぜかというと、近ごろの子どもたちはテレビそのほかの影響によって、昔の子どもたちよりも早くから文字そのほかのものに対する学習意欲をもやすようになってきているからです。そういう子どもの学習意欲に目をつけて、一方的な教育をやろうというのは明らかにまちがっていますが、そういう子どもの学習意欲に目をつぶることもまちがっていると思うのです。ほんとうは、この場合も、子どもにことばを話すことを教えたときと同じように、必要と興味に応じて、ひとつひとつ教えてやるのがもっとも効果的で確実な教育であることを忘れてはならないでしょう。幼稚園は、小学校での教育のしかたを見習うのではなしに、そういう家庭教育の方法に学ぶことによって、遊びと学びとを切りはなさずにとりあげていくべきだと思うのです。

私は、子どもの学習意欲を満足させるようなたのしい問題集や学習書を作るべきだと思っています。いままで作られた問題集や学習書には、むりやりにでも子どもに多くの知識をあたえようとする父母の要求に迎合しようとする俗悪なものが多いのです。そのためもあって、良心的な人びとは、問題集・学習書というとすぐに反発することにもなり、ほんとうに子どもの学習意欲を満足させるような良心的なものが生まれないという結果になっていたようにも思えるのです。

私はあたりまえすぎることを書いてきたようにも思います。しかし、日本には、「勉強というものは苦しいものにきまっている」という発想があまりにも根づよくあって、そのために幼児教育のあり方の議論でも混乱が生じていると思うので、あえて筆をとったしだいです。

創造性の源はなにか

結局は〈家庭教育〉の問題

初出一九七七年

創造性のなさの原因は何か

今年（一九七七年）の夏、「信濃《しなの》木崎《きざき》夏期大学」というところで、たまたま白木博次《しらきひろつぐ》さんと長時間にわたって個人的に話をする機会があった。白木さんは日本の神経病理学の権威者である。もっとも、この人について、私は「東大事件のとき、最後の段階で医学部長にかつぎ出され、騒動をしずめるのに成功してのち、大学教授を辞任した」ということ以上のことは知らなかった。

ところが、話をしてみて、この人はとても社会的な視野の広い医学者であることがわかり、おおいに勉強になった。公害問題にも深い関心をもっていて、「水俣《みなまた》や富山などに公害病の専門病院と寄宿舎を建て、全国の医学生は、数か月間、そこで実習してレポートを提出することを医学部卒業の条件にするとよい」などと具体案を作って、ときの三木環境庁長官に提案したこともあるという。

小・中学校の学校教育にも関心をもっていて、医者と患者（と家族）をめぐる問題を、教師と子ども（と父母）をめぐる問題と等しく人権問題としてとらえる視点を示されていた。そんなことで、ふだん私の考えおよばないことがらについてもいろいろ話しあうことができて、おおいに勉強になった。

このとき、私たちは、いまの若い研究者や大学院学生たちに創造性がいちじるしく欠けていることに意見の一致をみたが、その原因についての白木さんの考えをきいてびっくりした。「公害のために脳がやられているんじゃないか」というからである。私は、それは社会的・教育的な原因によるものとのみ考えていたのだが、「それならばまだ回復可能だから、まだいいと思うんだが」というのである。白木さんは、はやくから農薬の水銀による脳病変を研究し、水銀中毒を警告してきた医学者である。だから、その考えを一笑に付すわけにもいかない。

しかし、私は、やはりその説にしたがう気にはなれなかった。「頭がわるい↓脳がわるい↓死ななければならない」といった考えは、「記憶力とか反応のはやさとかについてならともかく、こと創造性についてはほとんど認めがたい」というのが私の持論だからである。それには科学の歴史と科学の教育についての私自身の研究の裏づけがあるので、そうかんたんにくつがえすわけにはいかないのである。「それにしても、専門がちがうと、ずいぶんちがう見方があるものだなあ」と感心もし、「視野をもっと広げないといけない」という思いをさせられたのである。

創造性は人間の生き方による

もともと私は脳生理学者のいうことを信用する気にならないできた。かつて慶応大学の林髞《たかし》（一八九七〜一九六九）は「味の素（グルタミン酸ソーダ）を食べると、頭がよくなる」などといって人びとを信用させたが、そのつぎには東大の時実利彦《ときざね》（一九〇九〜七三）が「頭のよしあしは前頭葉の発達できまる」といって教育者のあいだに脳生理学ブームをまきおこした。

しかし、私は、「教育の問題はそんなことでは解決しない」と思いつづけてきたので、にがにがしく思ってきたのだった。「人間にとってもっともたいせつなのは、主体的な生き方ができる能力、創造性だ。そして、それは、記憶力や頭の回転のはやさなどできまることではなく、社会のなかでの生き方によってきまるものだ」というのが私の持論となっていたからである。

ところが、白木さんは時実さんともちがう考えをもっていた。白木さんは「前頭葉じゃなくて、もっと頭の奥のほうが問題なんだと思う」というのである。そして、「その頭の奥のほうを発達させるのは〈情動〉じゃないかとにらんでいるんですがね」というのである。

これはむしろ私の考えに近いといってよい。私の「社会のなかでの生き方がたいせつだ」というのは、「情感・情動をたいせつにしろ」という考え方でもあるからである。脳生理学者に反発していた私も、とんでもないところに援軍があらわれた思いであった。「昔は、カブトムシをつかまえたときなんか、感激のあまり小便をもらすほどだった。そういう感激がいまはなくなってしまった。これがいけない」というのである。「なるほど」と私も思った。

しかし、そのさきは私にはそのままでは受けいれがたい話だった。白木さんは「その頭の奥のほうは満一〇歳ぐらいまでのうちにかたまるので、そのくらいの年ごろまでに情動をたいせつにした教育をしなければ、日本人の創造性はだめになる」といわれるからである。「じっさい、そんな面もあるかもしれない」と私も思う。しかし、「創造性というものは、そんなに脳生理学的にばかりとらえることはできないだろう」というのが私の考えである。

それにしても、おもしろいものである。脳生理学というものもけっこう変わってきているらしいからである。結局のところ、私は、「味の素だ、前頭葉だ」などとあまりそういう考え方にふりまわされることなく、子どもたちにいろいろな押しつけをせずに、主体的な感動的な活動をじっと見つめて育てていくのがいちばんなのではないかと、そんなふうに思ったのであった。それがとくに満一〇歳ごろまでの時期が重要だとすれば、これは「家庭の教育」の問題ということになる。

ほんとうのホンネとタテマエ

思えば、「家庭の教育」はジャーナリズムをさわがすあやしげな学者の言動によってふりまわされすぎたといえるだろう。世の人びとは、「教育におけるタテマエとホンネがくいちがっていることが多い」などというけれど、そのホンネというものも、じつは「ほんとうのホンネであるかどうか」あやしいことが少なくないようだ。

たとえば、「たくましく育ってくれさえすればよい。たとえ学校の成績など少しぐらい悪くても」というのはタテマエで、「少しでも成績のいいほうがいい。そのためには夏休みにもたくさん勉強させなくちゃ」というのがホンネということになっている。

しかし、ほんとうにそうだろうか。ほんとうに学校の成績がそんなにたいせつだと、人びとは本気でそう思っているのだろうか。それは「そう思わされている」だけのことではないのか。学校の成績が一生を支配するように思わされているのだ。たいていの人は、ときたまそんなことを感じるにちがいない。そして、「そんな成績なんてどうでもいいのでは」とホンネをあげたりする。ところが、社会風潮には刃向かえなくて、それにしたがうのがホンネであるように思ってしまう。おかしなことではないだろうか。

「家庭の教育」を考えるとき、何がほんとうのホンネで、何がだれかから教えこまれたタテマエであるのか、それをもういちど考えなおしてみたら、教育論議もよほどちがってくると思うのである。

いちばん大切なことは評価してはならない——あとがきにかえて

最近の教育界の状況を見ると、「たのしい授業」を実施するのに好都合な状況が拡大しつつあるように思われます。世界の冷戦構造が崩壊した結果、これまでたえず政争の道具とされてきた教育が、政争の道具とされることが減ってきたからです。小中学校の管理職の年令も、ひところよりもかなり若返ってきて、少しは旧来の悪い習慣を打破して、教育に新風を吹き込もうとする人びともぽつぽつ現れてきているように思われます。文部省は、新しい学習指導要領の実施とともに「新しい学力観」というものを提示していますが、その考え方のなかには、私たち〈たのしい授業学派〉の考え方もかなり取り込まれているように思われます。

もちろん、いいことずくめではありません。「新しい学力観」の考え方そのものにはいいところがたくさんあっても、それを学習評価の上に制度的に取り入れると、教育はかえって硬直化する恐れがあります。私は前々から、「これまでの日本の教育は、理想主義を制度化することによってかえって悪化してきたことが少なくない」ということを指摘してきました

〈本書や『たのしい授業の思想』仮説社、など〉が、その心配がかなり現実化しそうにも思えます。

個々の知識・技能などは客観的に評価することができます。学校は知識・技能を教えるところですから、その目標が達成されたかどうか評価することは当然です。

しかし私は、仮説実験授業（＝たのしい授業）の提唱とほぼ時を同じくして、教育目標の中には、基本的な読み書き・計算やうんと基礎的な科学知識の理解のように「どうしても達成しなければならない」教育目標と、ただ「できるに越したことはない／この程度のことは知っておくと便利だ」というような教育目標とが混在していることに注目して、前者を〈到達目標〉とよび、後者を〈方向目標〉とよんで、それを区別することの重要性を訴えたことがあります。それらの要求水準は個々の子どもの状況によっても変わるかも知れませんが、〈どうしても達成しなければならない〉ような種類のことに関しては、評価の結果、その目標が達成していないことが分かったら、繰り返し教えてやる必要があります。一方、必ずしも完全に達成する必要のないものについては、もっとゆったりと考えることが必要です。

一番大切なことは評価してはならない

しかし、教育にもっと大きな夢を託して、「単なる知識・技能」以上の「人間性・創造性・意欲」などの育成も教育の課題だ、と主張する人びともいます。たしかに、すぐれた人間性をもって、意欲的に学び、創造性豊かな子どもたちが育ったら、どんなに素晴しいことでしょう。しかし、人間性とか創造性とか意欲というものはどんなものか、ということについての考えは人によってかなりの違いがあります。知識や技能は客観的に評価することができても、人間性とか創造性とか意欲といったものは客観的に評価することは困難です。たとえ客観的に評価できるとしても、その評価の基準が明示された途端に、その評価基準によって高く評価されることを目指す子どもたちが現れることによって、子どもたちの人間性や創造性や内からの意欲というものを破壊するような恐ろしい結果をよびおこす危険さえあります。

また「人間性が豊かではない」とか「創造性や意欲がない」と評価される子どもたちが現れるとしたら、これまた恐ろしいことです。現実の人びとを見ると、多くの人びとから「あの人はなんと人間性豊かなんだろう」と思われたりする人がいることは確かです。しかし、そういうもっとも重要なことはあからさまに評価しないでいて、自然と育つことを待つよりほかないと思うのです。

それなら、人間性とか創造性とか意欲といったものは、まったく育成できないものでしょうか。私は「あからさまにそういうものを育成しようとしても逆効果になるだけだ」と思うのですが、その反面では、「結果的にはそういうものを育成することになる授業はある」とも考えています。それは〈たのしい授業〉を実施することに他なりません。〈たのしい授業〉は決して、人間性とか創造性とか意欲といったものの育成を目指したものではありませんが、「結果的にはそうなる」ということは確かなことだと思うのです。それは仮説実験授業をはじめとする〈たのしい授業〉の授業記録がしばしばそれを読む人びとの感動を呼ぶことを見ても明らかでしょう。

たのしい授業・感動的な記録の本質

「知識や技能の教育を効果的にやって成功した」という授業記録は教師にとって役立つので、多くの人に歓迎されるでしょう。しかし、そういう授業記録は必ずしも感動的とはいえません。子どもたちの人間性の豊かさとか創造性とか意欲とかが輝いて見える、そういう授業記録であってはじめて感動を呼びおこすのだと思います。それは〈たのしい授業〉が子どもたちを自由に活動させることに成功したからです。子どもたちを教師の評価の枠にはめこもうとしたからではありません。「もっとも重要なことは評価をせずに、子どもたちの自由な活動を待つよりほかない」ということは、私が仮説実験授業＝たのしい授業の研究を通して発見しえたもっとも重要な教訓の一つだ、と思っています。

　こういう教訓は、人間性や創造性などの教育をあせる人びとにはなかなか分かってもらえないようです。そこで、ここ当分はそういう人びとが、〈あからさまに評価してはならないものの評価〉に走ることになるでしょう。こうした状況は、そうした人びとが自分たちの失敗を認めたときに改められることになるでしょう。もっとも、その人びとは失敗してもそれを他人のせいにするだけかも知れません。教育の思想の機微にふれることはなかなか伝わらないものだと思わざるをえません。

　私たちは、そういう人びとの主観的な善意は認めつつも、その結果については冷静に見つめておいて、たのしい授業に励むよりほかないと思うのです。しばらくは、〈評価したくない、評価するのが困難な評価〉を強《し》いられる事態がつづくかも知れません。それを強いる人びとをどのように説得したらいいか、そういう人びとが自分自身で自分の誤りに気付くように仕向けるにはどうしたらいいか、といった研究も、本誌（『たのしい授業』）の今後の課題になるのかも知れません。

しかし私は、「たのしい授業」の普及よりほかには、事態を打開する方法はないように思えてなりません。

初版（国土社刊『私の評価論』）の「はしがき」

本書は、私が一九七三年から一九七九年までの間に雑誌『ひと』（太郎次郎社）に書いた主要な論文に、一九八〇年に大阪府高槻市の教職員組合主催の講演会で行った「能力とは何か?·学力とは何か?」という講演の記録〔新版＝本書では未収録〕を加えてまとめたものです。

一九七二年の初夏、私は珍しく遠山啓先生と白井春男さんの訪問を受けました。「今度新しく〈太郎次郎社〉という出版社を興して、主として母親を対象とした教育雑誌を創刊したいと思うが、一緒にやらないか」というのです。そのとき、私は即座に「いやー、母親向きの雑誌ですか。私は母親でも読めるような視野の広い教師向きの雑誌ならやってもいいと思いますが」と答えました。それまで私は、主として自然科学を対象とした仮説実験授業の研究を進めていたのですが、そのころちょうど、「その研究成果を社会科学をはじめ、数学や国語などの教育にも発展させたい」と考えはじめていたところでした。そのころ私は、「日本で教育研究をもっとも科学的に研究しているのは、私たちの仮説実験授業のほかには遠山さんたちの水道方式による数学教育の研究以外にない」と思っていたので、「ここで遠山さんたちと一緒に研究運動をはじめれば、日本の教育研究運動の流れを変えることができるかも知れない」とも考えました。そこで、私のそんな考えを話したところ、遠山さんと白井さんも賛成してくれたので、私もお二人と一緒に新しい雑誌の創刊に取り組むことになったのです。

その雑誌の創刊に当たって、私は従来の民間教育運動の枠をこえた編集方針をとることを確認しました。その一つは、「この雑誌では単なる告発はしない」ということでした。それまでの教育運動というとかく告発に終始しがちで、「現状の教育を告発することが進歩的なことだ」と思われるところがあったようです。それを軌道修正して、「これはこうすればいいことが分かった」という具体的な研究成果を提出していくことを中心に雑誌を構成していこうというのです。「そうすれば、明るい未来を描く雑誌にもなるだろう」との期待もありました。それからもう一つは、「各教科の研究成果の積極的な交流を図る」ということでした。教育研究はとかく各教科ごとの専門に閉じ籠もりがちです。そうやって専門化すると、他の領域でのめざましい研究方法を導入することも難しくなるだけでなく、専門化していない子どもや一般の教師にやたらに専門的な知識を要求することになりがちで、本当に人間的な教育ができなくなります。そこで、一般の母親が読んでも分からないような記事は載せないことにしたのです。そのため、どんなに有名人が書いた原稿も母親の編集委員に読んでもらい、どんどん注文をつけてもらうことにしました。

私は、これらの編集方針は成功だったと思っています。その雑誌『ひと』は多くの若手教師と母親たちに歓迎されました。「この雑誌は私のようなものにも、隅から隅まで読める」と感激してくれる人がたくさんいました。

ところで、この雑誌の中心になった遠山さんはもともと数学者で、私は自然科学の歴史と教育の専門家です。しかし、すべての教科を統合した教育雑誌を目指すとなれば、いわゆる教育学プロパーの記事も欲しくなります。とくに、そのころ通信簿のことが社会問題化したりしたので、教育の歴史や教育評価に関する記事が欲しくなります。そういう記事はいわゆる教育学者に原稿を書いてもらうことも考えたのですが、私が調べたところ、どうも私たちの教育研究運動にふさわしいような原稿を書いてくれるような人はいそうもありません。そこで私は、自分自身でそれらのことを研究して、自分で原稿を書くことにしました。他に適任な人がなさそうなので、私は、雑誌『ひと』の必要に応じて、教育学的な原稿を全部引き受けるという気持ちで臨むことにしたのです。その結果生まれたのが、本書に収録する諸論文というわけです。

そこで、当然のこととして、本書に収録されている論文は、一般の教育学者の書くものとはかなり違っていると思います。私は、一般の教育学者が陥りがちな建前的な教育論議を一切廃して、問題を誰でも納得できるようなところから全面的に検討しなおしたつもりだからです。ふつうの教育論議では、「学力はあったほうがいいに決まっている」というところから出発しますが、本書における私の議論は、そのことから疑ってかかっているところからして違っているのです。そのためか、どの文章もいまから一〇年から一五年も前に書かれたものなのに、いまなお古くさいものにはなっていないと自負しているのですが、どうでしょうか。

私のまわりには、私が雑誌『ひと』の編集に従事していたころに初めて知り合った人々がいまもたくさんいます。本書の最後には、そのうちの一人、小林光子さんに、本書に収録した文章がはじめて発表されたころの思い出を兼ねて、文章を寄せて頂きました。併せて読んで下さるよう、お願いいたします〔新版＝本書では未収録〕。

なお、本書にどんな原稿を載せ、それをどのような順序に配列し、それをどのような体裁の本にまとめるかということについては、以前ほるぷ出版で知り合った近藤隆司さん、市野宗彦さんにお任せしました。最後の講演記録以外の原稿は原則として、雑誌『ひと』に掲載したままになっていますが、表題のすぐあとにある三行ほどの文章〔新版＝本書では省いたが、それをまとめて次ページ以下に掲げています〕は、本書に収録に当たって新しく私の書き加えたものです。近藤さん、市野さんは、本書に収録した原稿のみならず、収録候補にあがった原稿を丁寧に検討して、こういう編集の仕方を提案して下さったのです。「解説」原稿を書いて頂いた小林光子さんともども、お礼申し上げます。

板倉聖宣

（一九八八年一二月一五日）

●本書に収録した文章が初めて発表された雑誌と、国土社版『私の評価論』で各章のタイトルのわきにつけられていた著者のコメント。

私の評価論　『ひと』一九七四年六月号

私の評価論は文字通り仮説実験授業のなかで生まれ育ってきたものです。「人間は他人の評価の影におびえて人間性を喪失する」という発見には我ながら感動しています。

評価と学習意欲をめぐって　『ひと』一九七六年四月号

この文章が書かれる少し前に、「評価権」という言葉が作られて、「評価などすべきでない」という議論が盛んになりました。そこで、評価をその根源にさかのぼって考えなおした文章です。

テスト・通知票・指導要録・内申書　『ひと』一九七三年七月号

試験や通知票の歴史をまとめたものはほとんどありません。そこで私は、自分のためにも、また雑誌『ひと』の読者である教師・母親のためにもその歴史を調べてまとめたのがこの文章です。（初出時のタイトルは「先生のつける四種類の成績記録――テスト・通知票・指導要録・内申書の歴史と問題点」）

入学試験、今と昔　『ひと』一九七四年一一月号

果たして「入学試験は諸悪の根源」かという問いに始まり、日本の入学試験にも「資格試験」と「競争試験」とがあったことを明らかにした論文です。今なお有効だと思います。

大正期の三無主義教育　『ひと』一九七六年四月号

後になって知ったのですが、鈴木達治さんには『六川夜話』（一九三七）、『煙洲漫筆』（一九五一）、『煙洲残筆』（一九五九）といった随筆集があって、「三無主義教育」のことも書かれています。

高等学校を考えなおす　『ひと』一九七五年一〇月号

「高校義務教育化」運動が活発だった一九七五年に書かれたもの。その後運動は沈静化したが事態の根本的な反省がなされたとは思えません。データだけは新しいものに差し替えました。

教科書のあるべき姿をさぐる　『ひと』一九七四年八月号

これまで教科書について論じたものというと、政治的な立場からする制度・内容批判ばかりが目立ちます。それより、教科書の本質からする議論が重要だ、と考えてまとめた文章です。

幼児の学習意欲をのばすために　『ひと』一九七五年五月号

幼児教育というものはほとんど私の研究対象外にあります。しかし、そこでも原則的な考え方が欠如していることが気になって、新しいことの発見に我ながら感動しながら書いた文章です。

創造性の源はなにか　『ひと』一九七七年一一月号

私はあまり偉い学者と話したことがありません。そういう学者の本もあまり読みません。それでも、ときには考えさせられることがある、という話です。

いちばん大切なことは評価してはならない　『たのしい授業』一九九四年四月号

試験・入試・評価を中心にした教育史年表――1868（明治元）年〜1964（昭和39）年

1868（慶応4＝明治元）　福沢諭吉、慶応義塾を設立。明治維新。

69（明治2）　新政府、教育行政機関として「大学」を設ける。

70（3）　大学南校、各藩から洋学に優等な生徒を貢進させる。

71（4）　廃藩置県。／大学を廃止して、文部省を設置。

72（5）　「学制」を制定、〈試験〉による進学制度を定める。

73（6）　師範学校、アメリカ式の「小学教則」を定める。

74（7）　東京開成学校、外人専門教師を迎えて専門教育を開始。

75（8）　文部省、開成学校生徒を海外留学生として派遣。

76（9）

77（10）　東京開成学校・東京医学校を合併して東京大学法・理・文・医学部とする。学監モルレー、東京大学第一回卒業式で試験の重要性を説く。

78（明治11）　文部省、体操伝習所を設立。

79（12）　「教育令」を制定。／文部省、音楽取調掛を設置。

80（13）　「改正教育令」を制定。

81（14）　文部省「小学校教則綱領」を制定。〈修身〉を最重視。／文部省、〈学籍簿〉の作成を通達――成績の記入を含まず。

82（15）

83（16）　東京大学、英語による教授を日本語に改める。

84（17）

85（18）　文部省、図画取調掛を置く。

86（19）　東京大学と工部大学校を合併して帝国大学とする。／「小学校令」を制定、小中学校の教科書を検定制とする。

87（20）

88（21）

89（22）　文部大臣森有礼、刺客に襲われて死亡。

90（明治23）大日本教育会、全国教育者大集会を開催。／第一回衆議院議員選挙。「教育勅語」。
91（24）文部省「小学校教則大綱」を制定、その「説明」で、〈小学校の試験は教授上の参考のためと卒業を認定するためのもの〉とする。
92（25）
93（26）
94（27）日清戦争。／文部省、小学校の体育・衛生について訓令。／文部省、「尋常中学校入学規定」を定め、高等小学校二年修了以外のものについては、試験による学力検定を定める。——〈入学試験〉初出。
95（28）
96（29）帝国大学、初めて入学試験の規定を設ける。
97（30）京都帝国大学設置。／東京帝大で初めての入学試験が工科大学電気工学科の二人の入学希望者の間で行なわれた。
98（31）
99（32）天皇、帝大の卒業式に出席、優等卒業生に銀時計を授ける。
1900（33）文部省、高等女学校などでの定期試験の廃止、生理時の体操休止を訓令。／「小学校令施行規則」を制定し、卒業の認定には、試験を用いることなく、児童平素の成績を考査することを規定。また、学籍簿への〈学業成績〉の記入を義務づける。
01（明治34）
02（35）文部省「中学校教授要目」制定——中学校教育軌道に乗る。高等学校の入試に総合選抜制を採用（～07）。
03（36）
04（37）日露戦争。／小学校教科書、国定制度実施。
05（38）南日恒太郎『英文解釈法』刊——組織的な受験参考書の先駆。
06（39）
07（40）
08（41）六年制尋常小学校発足。／高校入試の総合選抜制廃止。
09（42）
10（43）藤森良蔵『幾何学　考へかたと解き方』、塚本哲三『国語問題釈義』刊。
11（44）
12（明治45＝大正元）

13（大正2）
14（3） 南日恒太郎『英文和訳法』刊。
15（4）
16（5）
17（6） 高校入試の総合選抜制復活。／研究社『受験と学生』創刊。
18（7） 「大学令／高等学校令」を公布、官立以外の設置を認可。藤森良蔵・塚本哲三、受験雑誌『考へ方』を創刊。
19（8） 高校入試の総合選抜制、再び廃止。高等学校入学資格、尋常中学校五年卒業程度が四年修了程度に改められる。
20（9）
21（10） 大学・高校の新学期を九月から四月に改める。／小野圭次郎『英文の解釈 考へ方と訳し方』刊。
22（11）
23（12）
24（13）
25（14） 官立高校の入学試験を二班制とする。
26（15＝昭和元） 岩切晴二『代数学精義』刊。

27（昭和2） 文部省「中学校令施行規則」を改定し、入試準備の弊害除去のため、選抜は内申書と人物考査・身体検査によることを訓令。
28（3）
29（4） 大阪で、〈内申書〉の偽造事件発覚。
30（5）
31（6）
32（7） 欧文社『受験旬報』創刊。
33（8）
34（9）
35（10）
36（11）
37（12）
38（13） 文部省、学籍簿の成績は一〇点法により記入することを指示。
39（14） 文部省、翌年の中等学校入試での学科試験撤廃を通達。
40（15）
41（16） 国民学校制度発足。文部省、学籍簿および通知簿の成績は「優良可」により記入することに定める。／高校入試にアチーブメントテスト導入。／旺文社『蛍雪時代』創刊（『受験旬報』を改題）。

42(昭和17)

43(18) 文部省、府県による〈成績評定の割合を一律にする規定〉の廃止を通達。

44(19)

45(20) 敗戦。

46(21)

47(22) 「教育基本法」制定。／3年制中学校（義務教育）発足。

48(23) 官立高等・専門学校の入試に「進学適性検査」を全国一斉に実施。

49(24) 文部省、〈学籍簿〉を〈指導要録〉と改める。／国公立大学受験者は全国一斉の〈進学適性検査〉を受験することとなる。

50(25)

51(26)

52(27)

53(28)

54(29)

55(30) 大学入試の〈進学適性検査〉廃止。文部省、〈指導要録〉を「外部に対する証明等のために役立つ簡明な原簿」と性格づける。

56(昭和31)

57(32)

58(33) 文部省、小中学校の『学習指導要領』を官報告示で制定。

59(34)

60(35)

61(36) 文部省、第一回全国一斉学力調査（小中高）を実施——日教組、反対闘争。

62(37)

63(38) 財団法人・能力開発研究所設立、第一回学力テスト・進学適性能力テスト、いわゆる〈能研テスト〉を実施。

64(39) 東大、能研テストを入試の参考資料にしないと発表。／日教組学力調査問題調査団、学力テストの弊害調査の結果を中間発表。

索引――教育評価論

＊本書では，ふつうの教育論とはかなり違った考え方を展開しています。そこで,，とくにそうした考え方について述べたところをさがしやすいように，項目をしぼってあります。目次とあわせてご利用ください。

●「評価論」「仮説実験授業」をより深く知るための書籍案内（広告）――――仮説社

本書の著者は、もともと科学史の研究を専門としていました。そこで、その豊富な科学史の知識を元に「仮説実験授業」という〈科学上のもっとも基本的な概念や原理・原則を教えるということを意図した授業〉をつくりあげました（一九六三年に提唱）。

その仮説実験授業に関しての書籍はたくさん発行されていますが、「仮説実験授業とはどんなもので、授業書にはどんなものがあるのか」ということから、その入手方法、授業のすすめ方や評価論まで読める入門書としては、『仮説実験授業のＡＢＣ――楽しい授業への招待』（板倉聖宣著、Ａ五判一八〇ページ。初版一九七七年。第四版一九九七年発行。本体価格一八〇〇円）があります。

仮説実験授業をもっと本格的に知りたいという方には、仮説実験授業をあらゆる側面から具体的かつ徹底的に論じた『仮説実験授業――授業書《ばねと力》によるその具体化』（板倉聖宣著、Ｂ六判二八五ページ。初版一九七四年。本体価格二五〇〇円）をおすすめします。

また、仮説実験授業の誕生を宣言した論文は、『仮説実験授業の誕生』（板倉聖宣・上廻昭・庄司和晃著、Ａ五判二〇四ページ。初版一九八九年発行。本体価格二六九九円）で読むことができます。ここには、はじめて世に公表した仮説実験授業の授業書《ふりこと振動》のほかに、仮説実験授業をはじめて公式の場で発表したときの講演の記録「科学の最も基本的な諸概念の理解の実態とその改善」などがあります。

そのほかにも、『仮説実験授業の考え方』(板倉聖宣著、B六判三一四ページ。初版一九九六年。本体価格二〇〇〇円)には、「科学的に考える力を育てる」「教師のための基礎学」「教育研究を専門家の手から取り戻す試み」など、教育を根本的に考えなおし、明るく教師をつづけてゆくための具体的で刺激的な論文があります。また、『たのしい授業の思想』(板倉聖宣著、B六判三四六ページ。初版一九八八年。本体価格二〇〇〇円)や、『教育が生まれ変わるために』(板倉聖宣著、B六判二九四ページ。初版一九九九年。本体価格二〇〇〇円)は、教育の現状を新しい角度からとらえ直し、授業の具体的な改革プランや評価論を論じて、教育に明るい見通しを持てるようになる論文が掲載されています。

＊

仮説実験授業は最初、理科の分野から出発したのですが、徐々に社会の科学の分野や算数・数学の授業書もできあがってきています。

『日本歴史入門』(板倉聖宣著、A5判一〇八ページ。初版一九八一年。本体価格一二〇〇円)は、日本の歴史を、江戸時代の米と人口の話を中心に新しい角度からとらえ直し、時代区分というものの意味と、歴史を動かす法則性を解き明かす書です。『おかねと社会――政府と民衆の歴史』(板倉聖宣著、B六判八五ページ。初版一九八二年。本体価格一〇〇〇円)は、各時代の「おかね」に目をつけて、その質と量を科学の目でたどってみると、社会を動かしているのは権力者だけではないことがはっきりと見えてくる、社会と経済の基本法則を発見する本です。『生類憐みの令――道徳と政治』（板倉聖宣著、B六判一七三ページ。初版一九九二年。本体価格一六〇〇円）は、世界で最初のもっとも徹底した動物愛護の法令「生類憐みの令」を定めた徳川将軍綱吉の、俗説と異なる理想主義を検証し、政治と道徳の関係を解明、生類憐みの令の実態を初めて明らかにした書です。『世界の国旗――世界の地理と歴史を考える』（板倉聖宣著、B六判一二三ページ。初版一九九〇年。第五版二〇〇二年発行。本体価格一六〇〇円）では、国旗の色や形、模様などに注目していくと、国それぞれの歴史や政治や宗教が概観できます。『世界の国ぐに――いろいろな世界地図』（板倉聖宣著、B六判一〇九ページ。初版一九九二年。本体価格一六〇〇円）は、「世界」を考え語るときのもっとも基礎となる知識を精選し、人口、GNP、面積、地理、宗教、言語、政治形態などについて、コンパクトに世界の国ぐにを一覧できる本。（紹介した本は、すべて仮説社刊）

また著者は一九八三年に、『たのしい授業』という月刊誌（仮説社刊。毎月三日発売。本体価格五六二円）を創刊し、それ以来編集代表を務めています。そこでは、〈仮説実験授業〉を柱として、「ものづくり」や「キミ子方式」のほかに国語や社会、体育などについても、たのしい授業が実施可能な授業プランがぞくぞくと発表されています。最新の情報は小社のホームページをご覧ください。また、電話や郵便などでご請求いただければ出版目録をお送りします。

板倉聖宣（いたくら　きよのぶ）

一九三〇年、東京に生まれる。

一九五三年、東京大学教養学部を卒業。

一九五八年、東京大学大学院数物系研究科を修了、理学博士。国立教育研究所（現、国立教育政策研究所）に勤務。

一九六三年、科学教育の改革のため「仮説実験授業」を提唱。

一九七三〜七九年、月刊誌『ひと』（太郎次郎社）編集委員。

一九八三年、月刊誌『たのしい授業』（仮説社）創刊、以来編集代表。

一九九五年、国立教育研究所を定年退職し、私立板倉研究室を設立。
●著書　『科学と方法』『科学と仮説』『科学の形成と論理』『科学と教育のために』（以上、季節社）『長岡半太郎伝』（共著）『長岡半太郎』『日本史再発見』（以上、朝日新聞社）『仮説実験授業』『科学的とはどういうことか』『磁石の魅力』『歴史の見方考え方』『かわりだねの科学者たち』『模倣の時代』（上・下）『たのしい授業の思想』『教育が生まれ変わるために』『仮説実験授業の考え方』（以上、仮説社）『未来の科学教育』『いたずらはかせの科学の本』全一〇巻（以上、国土社）『ぼくらはガリレオ』（岩波書店）『ジャガイモの花と実』（福音館）『日本理科教育史』（第一法規）、ほか多数。

教育評価論

二〇〇三年八月一五日　初版発行（三〇〇〇部）

著者　板倉聖宣
発行所　株式会社 仮説社
一六九－〇〇七五
東京都新宿区高田馬場二の一三の七
電話（〇三）三二〇四・一七七九
mail@kasetu.co.jp
http://www.kasetu.co.jp
印刷　株式会社シナノ
©Itakura Kiyonobu,2003
ISBN4-7735-0172-3 C0037　Printed in Japan
＊落丁・乱丁はお取り替えいたします。

私の発想法
――科学・歴史・教育を見なおす

板倉聖宣著

科学教育の全面的な改造をおしすすめてきた著者の、科学・歴史・教育にわたる広範な研究とその成果を凝縮した論文集。「理系の目の系譜」ほか。B六判二一四頁

本体価格
2000円
仮説社

新哲学入門

板倉聖宣著

自分の頭で科学的に考えたいと願う人にとって、普通の哲学的教養はまったく不要。必要なのは、真理のものさし〈実験〉の方法と考え方。B六判二一四頁

本体価格
1800円
仮説社

発想法かるた

板倉聖宣著

いくら客観的に考えたくても、自分で自分をだますことは防げない。理想に向かって着実に明るく生きていくための発想チェックリスト八三編。B六判一二九頁

本体価格
1600円
仮説社

科学的とはどういうことか

板倉聖宣著

だれでもつい引き込まれてしまう問題と簡単な実験を通して、科学とは何か、科学的に考え行動するということはどういうことかを実感できる。A五判二三〇頁

本体価格
1600円
仮説社

社会の法則と民主主義
――創造的に生きるための発想法

板倉聖宣著

近代科学の実験観で「社会の科学」が誕生した。民主主義、発想法、研究法・組織・運動論などにわたる論文集「最後の奴隷制としての多数決原理」他。B六判三四六頁

本体価格
2000円
仮説社